mtb

Der Preis dieses Bandes versteht sich einschließlich
der gesetzlichen Mehrwertsteuer.

Umwelthinweis:
Dieses Buch wurde auf chlor- und säurefreiem Papier gedruckt.

Heike Duken

BURNOUT FÜR ALLE!

MIT VOLLDAMPF IN DIE KRISE

mtb

MIRA® TASCHENBUCH
Band 95062
1. Auflage: Juni 2015

MIRA® TASCHENBÜCHER
erscheinen in der HarperCollins Germany GmbH,
Valentinskamp 24, 20354 Hamburg
Geschäftsführer: Thomas Beckmann

Originalausgabe

Konzeption/Reihengestaltung: fredebold&partner GmbH, Köln
Umschlaggestaltung: pecher und soiron, Köln
Redaktion: Iris Paepke
Titelabbildung: Thinkstock/Getty Images, München
Autorenfoto: © Alexander Blanke
Satz: GGP Media GmbH, Pößneck
Druck und Bindearbeiten: CPI books GmbH, Leck – Germany
Printed in Germany
Dieses Buch wurde auf FSC®-zertifiziertem Papier gedruckt.
ISBN 978-3-95649-183-2

www.mira-taschenbuch.de

Das ist ein schlimmes Buch. Es kann schwere gesundheitliche Schäden verursachen, vor allem bei sachgemäßem Gebrauch. Leider kann ich keinerlei Haftung übernehmen, weil ich schlecht versichert bin. Also machen Sie besser nichts allein zu Hause nach.
Ich bin ein verantwortungsloser Mensch. Danke, dass Sie mich dennoch mit dem Kauf dieses Machwerks finanziell unterstützen. Vielen Dank!
Eigentlich bin ich auch ganz anders, wissen Sie. Wirklich.

Liebe Geschlechtsgenossinnen, sehr verehrte Leserinnen!
Ich verwende in diesem Buch manchmal die männliche Form als universale Form, die weibliche Personen mit einschließt. Das dient der besseren Lesbarkeit.
Außerdem sind Sie es so gewohnt, nicht wahr? Sie kennen es nicht anders. Tut also auch nicht weh.
Übrigens können Benachteiligung und Diskriminierung einen Burnout durchaus begünstigen. Und schon sind wir beim Thema!

INHALTSVERZEICHNIS

KAPITEL VII:

TEIL 1

Theoretische Grundlagen –
trocken und notwendig!

KAPITEL I:

EIN ERNSTES WÖRTCHEN ZU BEGINN

Sie haben gerade dieses Buch zur Hand genommen. Warum?

Der Titel hat Sie angesprochen? Das Wort? BURNOUT?

Wussten Sie, dass sich Zeitschriftenauflagen verkaufen wie geschnitten Brot, wenn das B-Wort auf der Titelseite steht? Am besten zusammen mit einem abgebrannten Streichholz oder einem leidend aussehenden Mann im Anzug.

Sie sind also nicht allein. So viele Menschen da draußen empfinden genauso. Doch die meisten würden niemals, Sie wissen schon, tatsächlich den ersten Schritt wagen. Denn sie haben sich in einer oberflächlichen Heiterkeit eingerichtet, in einer stumpfsinnigen Verleugnung und Bagatellisierung der Realität.

Sollen sie. Lassen wir sie ruhig ihren Weg des geringsten Widerstandes gehen. Jeder, wie er will, das ist meine Meinung. Ich will niemanden bekehren.

Aber Sie sind anders. Ich weiß es. Sie haben das Buch zur Hand genommen und sich gefragt, ob Sie es nicht auch schaffen könnten. Sie spüren das Fieber. Die Anspannung. Ja, Sie wollen es jetzt wirklich wissen.

Und das ist der Grund, weshalb Sie für dieses Buch bereit sind. Wir verstehen uns. Sie gehören nicht zu den Feiglingen. Sie wollen mehr.

SIE WOLLEN EINEN BURNOUT.

Sagen Sie es.

Sagen Sie es laut.

BURNOUT.

Mit Ausrufezeichen bitte. Und ruhig ein wenig lauter, ein wenig enthusiastischer. Lippenbekenntnisse helfen uns nicht weiter. Die Zeiten sind vorbei. Sie müssen es wollen, und ich muss spüren, dass Sie es wollen.

Also noch einmal: BURNOUT!

BURNOUT – BURNOUT – BURNOUT!!!

Sehr schön. Das reicht jetzt auch. Gehen Sie davon aus, dass das Ihr letzter Anfall von Begeisterung war. Schluss mit lustig. Von nun an wird gearbeitet.

Ich werde Ihnen im Folgenden einige Informationen zur Verfügung stellen, die Ihnen auf Ihrem Weg hilfreich sein werden. Gehen müssen Sie ihn allein. Denn eines ist sicher: Wir sind Menschen; wir sind zum Alleinsein verdammt. Armselige Herdentiere, die den Anschluss zu den anderen längst verloren haben.

Sie merken es vielleicht schon, es wird so einige Illusionen geben, die wir über Bord werfen müssen. Das wird kein Zuckerschlecken für Sie. Aber vertrauen Sie mir. Nur dann werden Sie am Ende jenes Vollbild eines Burnouts entwickelt haben, das so herausleuchtet aus den anderen psychischen Störungen, mit all seinen Facetten und Abgründen, mit all den eindrucksvollen Auswirkungen auf Ihr gesamtes bisheriges (offenbar klägliches und unnützes) Leben.

Manchmal werden Sie zwischen den Zeilen vielleicht einen kleinen, charmanten, erhobenen Zeigefinger wahrnehmen; das ist beabsichtigt.

Am Ende des Buches werden wir gemeinsam überprüfen, ob Sie erfolgreich waren, ob Ihnen zumindest ein erster Durchbruch gelungen ist oder ob Sie sich ganz besonders dumm angestellt haben und katastrophal gescheitert sind.

1. AN DIE BLUTIGEN ANFÄNGER: NUR MUT!

Warum es Zeit ist, Ihre Lebens- und Arbeitssituation kritisch zu hinterfragen.

Sie fühlen sich wohl? Alles okay so weit? Sie arbeiten gerne, verstehen sich gut mit Ihren Kollegen und sind optimistisch, wenn Sie in Ihre berufliche Zukunft blicken? Gut möglich, dass Sie sich morgen früh mit einem Lächeln auf den Lippen an Ihren Arbeitsplatz begeben. Vielleicht pfeifen Sie sogar. Und am Abend gehen Sie ebenso gut gelaunt nach Hause, fühlen sich zwar ein wenig erschöpft, aber eine liebende Frau oder ein liebender Mann und ein rasend interessantes Hobby werden neue Lebensgeister in Ihnen wecken. Später fallen Sie rechtschaffen müde ins Bett und in einen wunderbar tiefen, erholsamen Schlaf. Und weil Sie im Traum zu allem Überfluss auch noch ein hervorragendes Filmchen zum Thema Schweinkram erleben, selbstverständlich mit Ihnen in der Hauptrolle, stehen Sie am nächsten Morgen ganz besonders beschwingt auf, um voller Tatkraft in die nächste Runde zu gehen.

Entschuldigung, ich musste gerade schwer seufzen und den Kopf schütteln.

Nun ja. Kein Grund zu verzweifeln.

Sie werden Ihre Lebenssituation hoffentlich ein wenig überdenken, wenn Sie weiterlesen.

Wann haben Sie zuletzt Bilanz gezogen? Ohne etwas zu beschönigen und ohne diesen Weichzeichner der Verdrängung, den Sie so perfekt beherrschen?

Stellen Sie sich vor, Ihr Leben wäre ein Film. Würden Sie ihn wirklich sehen wollen? Seien Sie EIN MAL ehrlich zu sich. Wäre das nicht in Wahrheit ein Film über einen niedlichen Hamster, der tagein, tagaus in seinem Rad vorwärtsrennt, ohne jemals irgendwo anzukommen, ein trauriges, zutiefst bemitleidenswertes Tierchen? (Sind wir mal ehrlich, warum sollten Sie ständig diese Träume haben, wenn Sie wirklich ZUFRIEDEN wären? Hm?)

Allein diese ungesunde Blutsbrüderschaft mit Ihren Kolleginnen und Kollegen. Welche Kompromisse sind Sie eingegangen, um so wahnsinnig beliebt zu sein? Merken Sie was? Merken Sie noch irgendwas?

Das wird ein hartes Stück Arbeit mit Ihnen, keine Frage. Aber alles ist möglich, verstehen Sie? ALLES. Sie müssen es nur wollen. Formulieren Sie Ihr Ziel und visualisieren Sie es. Stellen Sie sich also einen Menschen vor, der es geschafft hat. Schauen Sie ihn sich genau an. Hängen seine Schultern ein wenig? Ist er blass oder auffallend rot im Gesicht? Atmet er schwer? Ist er SEHR ALLEIN?

Ja, Sie haben recht, es gibt keine Hoffnung für ihn.

Das könnten Sie sein. Wenn Sie all die Scheuklappen und rosaroten Brillen abgeworfen und sich Ihren Belastungen gestellt haben.

Ich erwarte nur, dass Sie ab jetzt, also von diesem Augenblick an, jeden, wirklich jeden Tag daran arbeiten. Mehr nicht. Lesen Sie weiter, einfach immer weiter, und gehen Sie zur Arbeit, freuen Sie sich ruhig noch eine Weile an Ihrer Tätigkeit, irgendeinen Sinn wird sie wohl haben.

Aber vergessen Sie nicht: Die anderen schlafen nicht! Sie sind Ihnen den entscheidenden Tick vielleicht schon voraus.

2. FÜR FORTGESCHRITTENE: STILLSTAND IST RÜCKSCHRITT.

Warum Sie sich keinesfalls auf Ihren Erfolgen ausruhen sollten.

Sie haben bereits Symptome? Sie fühlen sich ausgelaugt? Sie schlafen schlecht? Ihre Patienten, Ihre Schüler, Ihre Projekte, die gehen Ihnen so langsam am Arsch vorbei? Und Sie fühlen sich genau deswegen als Versager und blicken nur noch ungern in den Spiegel? Auf dem Weg zur Arbeit haben Sie manchmal den Drang, sich zu übergeben? Oder zu schreien? Zu weinen wenigstens?

Nicht schlecht. Ja, da haben Sie schon einiges erreicht, das muss man neidlos anerkennen. Und? Stolz auf sich? Klopfen Sie sich gerade auf die Schultern? Dafür, dass Sie schon so viel weiter sind? Ach, diese Anfänger, goldig, nicht wahr?

Sehen Sie, und das ist genau der Geist, der allzu rasch das Erreichte zunichtemacht. Ich kann Sie nur warnen. Stagnation ist Rückschritt, das sollten Sie eigentlich wissen. Denn Sie kennen das doch. Zum Beispiel nur ein harmloser Familienausflug, und schon lachen Sie wieder. Es fühlt sich sooo gut an.

Aufgepasst, genau hier lauern die Gefahren! Sie könnten rückfällig werden.

Lesen Sie also dieses Buch. Es wird Ihnen helfen, voranzukommen und den Versuchungen zu widerstehen. Denken Sie immer daran: Sie haben schon so viel investiert!

KAPITEL II:

BURNOUT – DAS ZIEL VOR AUGEN

Was ist das eigentlich, Burnout?

Ein Modephänomen? DAS *Must-have* des zweiten Jahrzehnts im dritten Jahrtausend? Eine Art *It-Bag*? Na gut, ich will mal nicht so sein, deshalb jetzt für alle, die nicht wissen, was eine It-Bag ist: Es handelt sich um eine Handtasche, die durch Label und Kaufpreis die Zugehörigkeit der Besitzerin zu einer bestimmten bewunderns- oder verachtenswerten Kaste signalisiert, je nach Auge des Betrachters.

Dann würde ein Burnout Sie also entweder adeln (wow, Sie haben es geschafft, sich allein durch Arbeit, Ehrgeiz und Leistung zugrunde zu richten!) oder brandmarken (aha, wieder jemand, der auf *psycho* macht, um die Kollegen im Stich zu lassen und krankzufeiern, die faule Sau!).

Beide Varianten sind primitiv. So sollten Sie nicht denken. Wir wollen das Thema doch etwas ernster nehmen. Vergessen Sie die anderen. Tun Sie es nur für sich selbst. Sonst wird es nicht funktionieren. Sonst heulen Sie nur mit den Wölfen und behaupten am Ende, Burnout gebe es in dem Sinn gar nicht. Reine Fantasie. Ein Hirngespinst. Eine Erfindung von Betriebsräten und sogenannten Burnout-Kliniken, die sich von Burnout als Massenphänomen jede Menge Rendite versprechen. Machen wir uns nichts vor, sogenannte Krankheiten lassen bei etlichen Vorstandsvorsitzenden dieser Welt die Dollarzeichen in den Augen rotieren.

Ist Burnout tatsächlich eine Krankheit? Eine echte, die behandelt und auskuriert werden muss wie eine Grippe, und dann geht's munter weiter?

Nein, nein. Da würden wir es uns zu einfach machen.

Burnout ist Veränderung (Change)
Burnout ist Herausforderung (Challenge)
Burnout ist Scheitern (dafür gibt es kein Wort in der Sprache der Erfolgreichen)
Burnout ist Leiden (dafür auch nicht)

Es geht um eine ausgesprochen komplexe Dynamik. Innere wie äußere Bedingungsfaktoren greifen ineinander, und leider gibt es bei aller Anstrengung keine Zwangsläufigkeit von Entwicklung. Es kann unheimlich viel schiefgehen. Ich habe es immer wieder erlebt. Hoffnungsvolle Kandidaten erweisen sich als zu schwach, werfen spontan alles hin, werden zu Angsthasen und Drückebergern, ergreifen Maßnahmen, wechseln den Arbeitsplatz, den Beruf sogar, sie gehen den Jakobsweg, halten innere Einkehr, machen

Psychotherapie und nutzen andere fragwürdige Angebote, nehmen fortan alles auf die leichte Schulter und geben ihren Traum für immer auf.

Andere, denen ich einen Burnout nie zugetraut hätte, richtige Frohnaturen, laufen plötzlich zu Höchstform auf und rocken das Ding. In null Komma nichts sind sie ganz unten.

Und es kommt noch schlimmer. Burnout ist umkehrbar. Und zwar relativ leicht. Gerade noch mittendrin, steht man auf einmal am Rand und ist wenig später draußen. Und dann ist es umso schwerer, wieder den nötigen Biss zu entwickeln.

Wir müssen das Ganze also systematisch angehen. Kein Wischiwaschi und kein Larifari. Ein Schritt nach dem anderen. Und ich kann Ihnen versichern, auch eine deutsche Eiche beginnt als zartes Pflänzchen!

1. WARNSIGNALE UND DIE KUNST DES WEITER SO!

Wir beschäftigen uns jetzt mit den Anfängen, mit den hoffnungsvollen Vorboten eines beginnenden Burnouts und damit, wie frühzeitig mit ihnen umzugehen ist.

Denn es gibt sie, die ersten Anzeichen. Kleine, bedeutungslos erscheinende Omen, ähnlich den ersten Blümchen, die sich schon im Februar durch die Schneedecke zwängen und uns ein Lächeln auf unsere Gesichter zaubern. Der lange, harte Winter verliert an Kraft, und bald wird der Frühling wieder Wärme, Endorphine und sexuelle Bereitschaft zurück in unsere vor Kälte starren Glieder bringen.

Schön, gell?

Einschlägige Ratgeber sprechen hier von „Warnsignalen". Einer der vielen Gründe, die Finger von dieser Art Literatur zu lassen. Sie brauchen keine anderen Bücher neben meinem, glauben Sie mir.

▷ Körperliche Signale:
Es geht zum Beispiel um dieses leise Klopfen im Ohr, das sich anhört, als würde ein umtriebiges Insekt im Gehörgang sein Unwesen treiben und den Ausgang nicht mehr finden. Kennen Sie das? Oder das leichte Zucken um das rechte Auge herum? Keine Sorge, niemand sieht es, aber Sie wissen, dass es da ist.

Muskelverspannungen an unterschiedlichen und teils überraschenden Orten. Migräne, Blutdruck, Durchfälle.

Ihr Körper ist ein Seismograph, ein sensibles Instrument, das sehr oft zuerst reagiert und praktisch nicht zu täuschen ist. Das Arsenal der körperlichen Martinshörner ist beeindruckend. Da hat es so mancher bis zum Hörsturz gebracht!

- ▹ Erste Einbußen, Fehler, Versäumnisse:
  Die Leistungsfähigkeit lässt zunächst unmerklich, dann deutlicher nach.

  Ich selbst beginne unter lang anhaltendem Stress an Wortfindungsstörungen zu leiden und mich ständig zu versprechen. Ich vergesse, den Wecker zu stellen, und verwechsle Patiententermine. Plötzlich sitzen dann zwei Patienten zur gleichen Zeit im Wartezimmer. Unangenehm, das kann ich Ihnen sagen, muss ich doch einen von beiden wieder wegschicken, und bitte schön welchen?

  Man wird schusselig. Fehler schleichen sich ein. Was Sie sonst wie selbstverständlich im Kopf hatten, scheint sich auf Nimmerwiedersehen verflüchtigt zu haben. Den Kollegen geht das zunehmend auf die Nerven. Sie bekommen einen dezenten Hinweis von Ihrem Chef, dann einen weniger dezenten, weil Sie zum zweiten Mal diese wichtige E-Mail nicht beantwortet, nicht weitergeleitet oder gelöscht haben.

  Konzentrationsschwäche und Vergesslichkeit lassen in dieser Phase Angst vor Alzheimer aufkommen. Oft fällt etwas herunter, man haut sich ständig irgendwo an. Ein kleiner Verkehrsunfall mit Blechschaden wundert Sie dann schon nicht mehr.

- ▹ Nervosität, Gereiztheit, Aggression:
  Sie werden unleidlich und ungeduldig. Sie fahren

leicht aus der Haut, mit Ihnen ist nicht mehr gut Kirschen essen. Das steigert sich mit der Zeit. Zuerst trifft es die Kollegen, irgendwann Patienten, Schüler, Kunden und so weiter, und zuletzt werden auch die Lieben zu Hause nicht mehr verschont. Die wehren sich irgendwann, weil sie wie immer kein Verständnis aufbringen für Ihre Situation. Macht nichts, dann gehen Sie eben auf Ihre Kinder los, die können sich in der Regel nicht wehren. Und sind wir mal ehrlich, die sind ja auch nie schnell genug, trödeln herum und brauchen ständig Zuwendung, Aufmerksamkeit und Liebe.

Fragt irgendwer, was SIE brauchen?

Ein kleiner Tobsuchtsanfall kann in jedem Fall sehr befreiend sein. Aber der Verlust der Kontrolle wirkt im Nachhinein ausgesprochen beschämend. Sie werden sich furchtbar fühlen! Zumal Sie bestimmt Schuldgefühle haben werden, die sich bereits mittelfristig als sehr nützlich erweisen können, siehe Kapitel III!

▹ Ungesunder Lebensstil:
Auf erhöhten Zigaretten- und Alkoholkonsum sei hingewiesen oder auf das ungezügelte In-sich-Hineinstopfen von gesättigten Fettsäuren und Einfachzuckern. Das Fitnessstudio darf ab jetzt die Beiträge ohne Gegenleistung einziehen. Die Joggingstrecke ist verwaist.

Diese Disziplinlosigkeiten werden das Bild, das Sie von sich haben, zusätzlich nach unten korrigieren.

Richtig so!

- In der Wahl der Gesprächsthemen werden Menschen in dieser angespannten Situation in der Regel zunehmend eindimensional. Man spricht über den Job, den Stress, die Kollegen, die wenige Zeit, blablabla, sehr langweilig, kann ich Ihnen sagen. Noch hoffen die Anfänger zu diesem Zeitpunkt auf ein offenes Ohr, Unterstützung, gar Lösungen! Aber das legt sich mit der Zeit. Wenn man dranbleibt!

Und darum geht es: DRANBLEIBEN.

Aber wie, wenn Körper, Geist und Seele und sogar die Mitmenschen, die man gernhat, quasi schon langsam mit dem Holzhammer auf uns losgehen? Um uns weiszumachen, dass wir gestresst sind, am Limit, dass wir mal eine Pause brauchen und einen Gang herunterschalten sollen? Dass wir uns und unser Leben ÄNDERN sollen?

„Gib auf!", schreien sie alle.

Aber wir geben nicht auf. Wir nicht.

Gerade jetzt, wenn die Anfeindungen zunehmen und dieses Getöse um uns herum entsteht, dann gilt es durchzuhalten. Unser Leben ändern … Pf …!

Die haben keine Ahnung. Selbst wenn wir wollten, es ginge ja gar nicht.

Am Limit, pah! Da kennt man uns aber schlecht!

Merke:
Alle sogenannten „Warnsignale" müssen absolut konsequent ignoriert werden.

Haben Sie das verstanden?

Schenken Sie diesen Anzeichen KEINERLEI Aufmerksamkeit.

Hören Sie NICHT auf Ihren Körper.

Behandeln Sie ihn eher wie ein kleines Kind, das nach Süßigkeiten schreit. Lassen Sie es quengeln, ignorieren Sie es, stellen Sie sich absolut taub.

Noch einmal: Sie dürfen nicht hinhören, nicht hinschauen, nicht hinspüren, nicht einmal hindenken.

Sonst war alles umsonst, und Sie fangen von vorne an.

Stellen Sie sich bitte zur Veranschaulichung diese kleine Szene vor: Sie fahren mit Ihrem Auto auf der Autobahn, und die Tankleuchte beginnt zu blinken.

So, und jetzt zum Mitschreiben: Sie fahren NICHT zu einer Tankstelle.

Stattdessen kleben Sie einen Kaugummi auf die Tankleuchte. Oder ein Pflaster. Irgendwas, damit Sie das Ding nicht mehr blinken sehen.

So einfach ist das. Und doch oft so schwierig, nicht wahr?

Aber stellen Sie sich vor, was Sie erreichen könnten, wenn Sie weiterfahren, weitermachen, immer weiter, wenn Sie sich das einfach mal trauen, sich das erlauben und herausnehmen. Wartet nicht eine goldene Zukunft auf Sie?

Am Ende brauchen Sie gar keine Tankstellen mehr, auch kein Auto, alles wird möglich, Sie breiten die Arme aus und fliegen!

...

Schön.

Gut gemacht. Gut visualisiert.

Aber jetzt Schluss mit der Träumerei, vor den Erfolg haben die Götter den Schweiß gesetzt.

2. IHR WEG IN DEN BURNOUT – HOFFNUNGEN UND PERSPEKTIVEN

Ich möchte, dass Sie den angrestrebten Prozess wirklich verstehen. Nur dann können Sie zu jedem Zeitpunkt das Richtige tun. Deshalb gehen wir jetzt die einzelnen Phasen eines Burnouts im Detail durch. Es gibt alle möglichen Modelle mit unterschiedlich vielen Phasen, aber alle haben etwas gemeinsam: Nach einem Beginn irgendwo weit oben geht es rapide bergab bis nach ganz unten, und das endet dann in einer Art Nulllinie ein Stückchen darüber.

Wir machen es uns nicht unnötig kompliziert und beschränken uns auf drei Phasen. Jede von ihnen birgt ihre besonderen Risiken und Chancen.

Phase 1: Effektive Dauerspannung anstatt Regeneration

Burnout beginnt mit Engagement und Idealismus. Byebye Durchschnitt! Wer sich Burnout auf die Fahnen schreibt, muss mehr tun, mehr leisten, mehr Einsatz zeigen. 100 Prozent sind ja ganz nett (für andere, auf die wir kopfschüttelnd herabsehen), mit 130 Prozent kommen wir der Sache langsam näher.

Also, Leistungsträger dieser Welt, an die Arbeit! Hopp, hopp! Keine Müdigkeit vortäuschen!

Da Phase 1 von so entscheidender Bedeutung ist, möchte ich ein wenig weiter ausholen:

Wir vergegenwärtigen uns zunächst einen harmonischen Rhythmus von Anspannung und Entspannung. Phasen von Leistung, Konzentration und Arbeitseinsatz wechseln sich regelmäßig ab mit Phasen des Ausruhens, der Entspannung und der Regeneration.

Entspannung sieht dabei für jeden anders aus und heißt nicht zwangsläufig, die Füße hochzulegen. Der eine rennt gerne einen kleinen Halbmarathon, der andere macht lieber ein Nickerchen. Der eine pilgert den Jakobsweg, der andere fläzt sich am Strand. Jeder, wie er will.

Und genau darum geht es. Selbstbestimmung löst Fremdbestimmung ab. Das Funktionieren in einer festgelegten Rolle macht Platz für freiwillige Rollen und dann wieder umgekehrt. Das geht hin und her, hoch und runter, nach dem Müssen kommt das Wollen, nach der Anstrengung die Erholung.

Haben Sie das vor Augen?

Was sehen Sie?

Eine Berg- und Talfahrt in einem Mittelgebirge. In einem Kleinwagen. Schön gemütlich. Töfftöff …

Und? Fällt Ihnen etwas auf?

Richtig. Das ist unproduktiv, irgendwie sinnlos und zum Sterben langweilig.

Wir streben nach Höherem. Wir geben uns nicht zufrieden. Wir wollen mehr und bleiben einfach immer oben.

Immer leistungsfähig, immer motiviert, immer unter Strom, verstehen Sie? Die Erholung, die Regeneration, die lassen wir einfach aus! Die brauchen wir nicht!

Immer weiter funktionieren, nonstop, ist das nicht fantastisch? So bringen wir nicht 100, nicht 110 und nicht 120 Prozent einer durchschnittlichen Arbeitsleistung, sondern 130! Mindestens!

Betrachten wir diese erste heiße, entscheidende Phase wie unter einem Mikroskop, stellen wir also fest: Es gibt keine Talfahrt mehr. Das kleine Auto fährt immerzu bergauf. Schön hochtourig, der Fuß auf dem Gaspedal wie festgeschraubt. Der Weg nach unten in der Spannungskurve ist blockiert, und zwar dauerhaft.

Merke:
Der Abschwung in die Entspannung muss um jeden Preis verhindert werden.

Ja, um jeden Preis. Sie sollten praktisch bereit sein zu töten, um NICHT abzuschalten, NICHT runterzukommen, NICHT Kraft zu schöpfen, NICHT einzuschlafen.

Bleiben Sie in der Anspannung, atmen Sie kurz und stoßweise, verkrampfen Sie Ihre Muskeln, bis sie hart werden wie Holz. Durchhalten. Nicht nachlassen, kein bisschen!

Dann wird das was mit Ihrem Burnout.

Sonst nicht.

Ich werde Ihnen in diesem lehrreichen Buch etliche Möglichkeiten aufzeigen, die Dauerspannung aufrechtzuerhalten und den Abschwung in die Entspannung wirksam zu blockieren.

Phase 2: Geschafft! – Absturz und Symptomatik

Die Dauerspannung entwickelt eine verlässliche Eigendynamik. Denn die allermeisten Menschen sind ja nichts weiter als Menschen und halten das nicht ewig aus. Sie knicken ein. Brechen über kurz oder lang zusammen. Das kann ein schleichender Prozess von einigen Monaten sein, eine kontinuierliche, aber langsame, zunächst kaum merkliche Entwicklung, die entsprechend gut zu ignorieren ist. Die Betroffenen kommen lange nicht auf den Trichter, was denn eigentlich mit ihnen los sein könnte, auch wenn sie ganz und gar nicht mehr die Alten sind. Das leistet unserem Burnout natürlich Vorschub, wird er doch verschleppt, bleibt unbeachtet und unbehandelt.

Es gibt aber auch den Kurzschluss. Es tut einen Schlag, und dann geht gar nichts mehr. Es kommt zum Beispiel zu einem nicht mehr zu kontrollierenden Weinkrampf, die betroffene Person verlässt fluchtartig ihren Arbeitsplatz, ohne jemandem Bescheid zu geben. Oder morgens klingelt der Wecker, die betroffene Person starrt ihn an und fühlt sich fremd und seltsam in ihrem Körper. Sie spürt eine nie da gewesene Gleichgültigkeit, zieht die Decke über den Kopf und bleibt einfach liegen in der Gewissheit, dass etwas Furchtbares geschehen ist.

KAH-WUMM, es ist passiert. Burnout!

Und dann?

Um Sie, sehr verehrte Leserinnen und Leser, zu begeistern und zu motivieren, nehmen wir das Ziel jetzt genau ins Visier. So wie ein Sportler sich ausmalt, wie er auf dem Siegertreppchen steht und ihm seine erste Goldmedaille umgehängt wird.

Wir halten inne und betrachten ehrfurchtsvoll das Vollbild BURNOUT.

- ▷ Psychische wie physische Erschöpfung ergreifen von Ihnen Besitz. Verwechseln Sie das nicht mit einer rechtschaffenen Müdigkeit, wenn Sie mal wieder ein bisschen überarbeitet sind. Es ist mehr eine bleierne

Schwere. Sie fühlen sich kraftlos, als seien Sie schwer krank. Sie können sich kaum mehr aufraffen, aus dem Bett zu steigen, geschweige denn sich auf den Weg in die Arbeit zu machen. Am Ende wird sogar der Gang zum Bäcker zum unüberwindlichen Hindernis.

Diese Erschöpfung widersteht jeder Erholungspause. Ein freies Wochenende oder ein zweiwöchiger Urlaub auf Malle stellen nun keine Gefahr mehr dar. Schon Sonntagmittag oder nach einer Woche Dauersuff auf der Terrasse mit Meerblick werden Sie das Grauen wieder heraufziehen spüren, das Sie zwangsläufig ja doch wieder erwartet.

Schon zehn Minuten am Arbeitsplatz reichen dann aus, um Sie wieder vollständig auszulaugen. Sie fühlen sich fertiger als jemals zuvor.

▷ Häufige Krankschreibungen werden die Folge sein. Da gibt es wohlmeinende Ärzte, die werden Sie anflehen, zu Hause zu bleiben und sich auszuschlafen. Ich persönlich bin vollkommen dagegen. Warum zu Hause herumlungern und die Sozialsysteme belasten, wenn wichtige Aufgaben warten und ein WEITER SO wesentlich schneller und effektiver ist?

Schwere Infekte strecken Sie ohnehin irgendwann nieder. Die Immunabwehr dümpelt nur noch so dahin, und Ihr Körper versucht, Ihnen einen Strich durch die Rechnung zu machen. Je nach Grundkonstitution und Lebenswandel stellen sich gravierende psychosomatische Symptome ein wie Rückenschmerzen, Magenschmerzen, Kopfschmerzen, also Schmerzen in jeglicher Form, aber auch Durchfälle, Herzrasen und Tinnitus.

Ich plädiere für gezieltes Doping und Durchhalten. Am besten gar nicht zum Arzt, sondern einfach weiter zur Arbeit gehen. Vorteil: Sie werden Kollegen in Schlüsselpositionen anstecken und durch deren Abwesenheit (wir kennen ja unsere Pappenheimer, die wegen jedes Schnupfens daheim bleiben) den Druck im Team erhöhen, was Ihren Burnout zusätzlich positiv beeinflusst.

▷ Pessimismus, Misstrauen und Zynismus, diese drei bilden ein wunderbares Trio. Um nicht zu sagen einen Schutzwall, eine Trutzburg gegen all das, was sogenannte Mitmenschen an Schaden anrichten können. Sie werden unangreifbar sein!

Denn Sie wissen es längst: Nichts wird etwas bringen, alles wird immer nur schlimmer werden. Sie kontern gnadenlos und machen alles mies.

Sie hinterfragen Ihre Kolleginnen und Kollegen kritisch, sehr kritisch. Niemandem ist zu trauen. Sie sind schon dermaßen oft auf die Schnauze gefallen, weil Sie irgendwelchen Freundlichkeiten auf den

Leim gegangen sind. Das passiert Ihnen nie wieder. Denn sind Sie aus dem Zimmer, wird über Sie hergezogen, da sind Sie sich sicher. Die haben nichts Besseres zu tun, das ist die ungeschminkte Wahrheit!

Jemand bietet Ihnen Hilfe an? So nach dem Motto: „Du hast da so ein schwieriges Projekt, ich hab letzten Monat was Ähnliches gemacht, soll ich dir mit der Software helfen?"

JA KLAR!!! Damit der Kollege sich dann beim Chef einschleimen und Sie bei der nächsten Gelegenheit herausdrängen kann!

Oder eine Kollegin auf Ihrer Station: „Du hast heute so viele aufwendige Patienten, soll ich mit anpacken?"

DU GLAUBST WOHL, ICH WERDE MIT MEINER ARBEIT NICHT FERTIG, WEIL ICH SCHON ZUM ALTEN EISEN GEHÖRE???

Und kennen Sie eigentlich den Unterschied zwischen Humor, schwarzem Humor und dem Humor, der keiner mehr ist, weil allen das Lachen im Halse stecken bleibt?

In jedem Beruf gibt es Lästereien über die Klienten, Patienten, Kunden und Mandanten. Ein bisschen Galgenhumor ist völlig normal, dient der Entlastung und hat nichts mit unserem Projekt zu tun, im Gegenteil. Lachen ist ja per se eher negativ zu bewerten.

Aber Sie haben in Phase 2 einen Humor, bei dem die anderen die Luft anhalten. Niemand lacht. Nur Sie. Es ist ein kurzes, trockenes, freudloses Lachen, das beweist: Ihnen macht jetzt keiner mehr etwas vor.

▷ Gleichgültigkeit, Langeweile und der Verlust jeglichen Interesses breiten sich in Ihnen aus wie eine Epidemie.

Die lieben Patienten mit ihren Schicksalen, pf …

Diese wichtige Präsentation und dieser überlebensnotwendige Auftrag, Sie winken ab.

Die Schüler, diese verkorksten Produkte ihrer desaströsen familiären Verhältnisse! Und denen sollen Sie etwas beibringen? Was denn? Wie man Pornoseiten kostenlos herunterlädt, ohne belangt zu werden?

Die Uhr wird zu Freund und Feind zugleich. Sie beobachten den Sekundenzeiger. Sie rechnen aus, wie oft er noch die Runde machen wird, bevor Sie die nächste Rauchpause einlegen, sich in die Teeküche verziehen oder nach Hause gehen können. Die Stunden, die Tage werden seltsamerweise immer länger, Ihre Aufgaben immer öder.

Und wenn Sie es wirklich, wirklich weit gebracht haben, dann interessiert Sie nicht einmal mehr die Eisenbahn im Keller, Ihre Fußballmanschaft oder dieser sinnlose Mädelsabend an dem einen Donnerstag im Monat. Da werden Sie ab jetzt unpässlich sein. Für den Partner auch. Für die Kinder auch. Sie wollen allein sein. Sie stellen das Telefon aus. Rollläden runter, Licht aus, Glotze an.

▷ Totale Selbstwertkrise. Oder können Sie sich *so* etwa noch leiden? Halten Sie sich selber denn noch aus? Sind wir mal ehrlich, Ihre beruflichen Ideale sind den Bach hinuntergegangen. Alle anderen auch.

Wollten Sie jemals so sein?

Man flüchtet vor Ihnen. Unmotiviert, desinteressiert, zynisch, erschöpft und dauernd krank, das sind SIE!!! Danke fürs Gespräch.

▷ In diesem Stadium behelfen Sie sich mit Suchtmitteln. Ganz nett: Zigaretten, Kaffee, Schokolade, Shopping. Viel besser: Alkohol, Schlafmittel, Aufputschmittel. Eine nach unten offene Richterskala. Mit der Zeit sehen Sie aus wie ein Zombie und fühlen sich auch so. Das muss man erst einmal schaffen. Herrlich, nicht wahr? Wenn der Erfolg einem so sichtbar ins Gesicht geschrieben steht!

▷ Es kann noch eine kleine, aber feine Angstsymptomatik hinzukommen, die das Gesamtbild abrundet und verschönert. Sie sorgt für zusätzliche Spannung, für schlaflose Nächte und innere Unruhe, bis es irgendwann unmöglich wird, ohne Herzrasen und Schweißausbrüche am Firmengebäude auch nur vorbeizufahren, in dem sich Ihr Arbeitsplatz befindet (oder befunden hat; denn so eine Angststörung ist relativ unverträglich mit der weiteren Erfüllung der Aufgaben, die in der Stellenbeschreibung so ordentlich aufgelistet sind, steht doch das möglichst effektive Fernbleiben vom Arbeitsplatz nur sehr selten auf dieser Liste).

- Zickereien der Krankenkasse wegen wochenlanger Krankschreibungen (also wegen des zu zahlenden Krankengeldes) sind die Folge. Der Sachbearbeiter ruft dann gerne persönlich bei Ihnen zu Hause an, spioniert Sie aus, macht Vorhaltungen und bereitet damit das Feld für weitere Ängste und weiteres Herzrasen, was die psychische Dekompensation auf hervorragende Weise beschleunigt. Panikartige Kündigungen mit Sperre beim Arbeitsamt und immer konkreter werdende existenzielle Ängste tragen ihren Teil bei. Nichts ist so hilfreich wie ein langwieriger Prozess vor dem Arbeitsgericht mit fiesen Briefen gleich mehrerer Anwälte und falschen Beschuldigungen durch den Vorgesetzten, der immer so viel von Ihnen gehalten hat.

Puh, ganz schön heftig, oder?

Das ist es, worüber alle sprechen in diesen Talkshows und in den Gesundheitssendungen. Das ist Burnout.

Da wollen Sie hin? Wirklich?

Das nenne ich tapfer!

Aber es wird sich lohnen. Burnout eröffnet unendlich viele Möglichkeiten, ist er erst einmal zu voller Blüte gelangt. Es geht um nicht weniger als die Implementierung richtiger, ernsthafter Probleme in einem zuvor vielleicht glücklichen und sorgenfreien, aber auch halbseidenen, brüchigen und irgendwie oberflächlichen Leben.

Lassen Sie dann mal noch die Partnerschaft zerbrechen, auweia, Trennungsschmerz und Scheidungskosten, ich kann Ihnen sagen, da sind schon so einige unter der Brücke gelandet!

Und, machen Sie sich schon ein wenig Sorgen? Kriegen Sie Angst?

Gut so. Wir sind ja hier nicht zum Spaß, es muss ja mal etwas vorangehen.

Aber nicht schummeln! Die Abgrenzung von Burnout zu anderen nicht zu verachtenden Schwierigkeiten wollen wir hier schon genau nehmen. Sie haben sich bestimmt schon gefragt, was zum Beispiel der Unterschied zu einer waschechten Depression ist, Sie schlaues Kerlchen.

Richtig: Symptomatisch gibt es keinen Unterschied. Beides fühlt sich ähnlich besch...eiden an. Burnout ist jedoch, anders als die Feld-Wald-und-Wiesen-Depression, immer eng mit dem Thema Arbeit verbunden, also sozusagen eine „Arbeitsdepression". Andere mögen „Erschöpfungsdepression" dazu sagen, was auch nicht viel aufschlussreicher ist. Ich bevorzuge hier den schlichten, unzureichend definierten und inflationär gebrauchten Anglizismus BURNOUT, der ja auch mittlerweile zu den Klassikern gehört und außerdem meine Auflage steigern wird.

Es besteht allerdings Verwechslungsgefahr. Burnout wird hin und wieder nur behauptet. Jede Ausfallerscheinung ist auf einmal ein Burnout. Da schmücken sich so einige mit fremden Federn! Es hört sich einfach besser an, oder? Mit Burnout hat man es sozusagen geschafft. Sich kaputtzuarbeiten, meine ich. Sich durch Leistung zugrunde zu richten. Man wird auf die Weise zur zugleich bewunderns- und bemitleidenswerten Leitfigur einer leistungsorientierten, renditeversessenen, kapitalistischen Gesellschaft.

...

Entschuldigung, ich musste gerade gähnen.

Das weiß schließlich jedes Kind, dass zum Kapitalismus die Ausbeutung gehört und zur Ausbeutung die Ausbeutung bis zuletzt, bis es nicht mehr schlimmer geht. Bis zum Burnout eben. Trotzdem und gerade deshalb muss unterschieden werden. Da bin ich kleinlich. Ich hatte zum Beispiel einen Patienten, der wie ein Häufchen Elend vor mir saß und jammerte, Burnout, das habe er sich nicht vorstellen können, dass ihn das treffe, er liebe seine Arbeit. Ja gut, er arbeite zu viel. Er gehe nie pünktlich nach Hause, übernehme gerne Extraschichten und habe kaum mehr freie Wochenenden. Aber das mache ihm nichts aus.

Natürlich machte es ihm nichts aus. Er hatte nämlich ein ganz anderes Problem namens, sagen wir mal, Eva. Seine Frau. Er hasste sie. Er vermied, so gut es ging, sie zu Hause anzutreffen, auch nur eine Sekunde Zeit mit ihr zu verbringen, allein mit ihr in einem Raum zu sein oder sie bloß anzusehen. Und er hatte seine Gründe. Eva war eine echte Plage, eine Meckerziege, eine Gouvernante, eine bösartige und kaltherzige Person.

Dieser Mann hatte keinen Burnout, er hatte ein Partnerschaftsproblem und eine ungesunde Bindung an seine Frau, die er scheinbar unmöglich verlassen konnte, ohne sich bis ans Lebensende schuldig zu fühlen.

Nach der Psychotherapie konnte er, seien Sie beruhigt. Das sparte der Krankenkasse und dem Jobcenter und uns allen viel Geld. Sogar Eva wird letztlich erleichtert gewesen sein.

Aber sehen Sie, schon bekommt einer die Diagnose Burnout und hat sie gar nicht verdient. Auch psychosomatische Beschwerden, Zwangsstörungen oder Panikattacken können als Burnout daherkommen und keiner sein. Die Sache ist also kompliziert. Zum Glück haben Sie jetzt eine erfahrene Fachfrau an Ihrer Seite, die keine vorschnelle

Diagnose zulassen wird, auf der Sie sich ausruhen können. Wir wollen doch einen „richtigen", einen lupenreinen Burnout entwickeln, und dann, erst dann tragen Sie den Titel zu Recht, mit Stolz und vielleicht mit einer Träne der Rührung im Auge.

Phase 3: Die Lösung! Abstumpfung oder Entgleisung

Das Leben geht weiter. Auch Phase 2 hält niemand dauerhaft durch. Leider, möchte ich sagen. Aber so ist es nun einmal. Jede Krise findet irgendeinen Ausgang. Und Burnout bietet im Wesentlichen drei Möglichkeiten.

▷ Am häufigsten ist die Abstumpfung. Sie richten sich ein. Sie harren aus. Was bleibt Ihnen auch anderes übrig?

  Sie hassen Ihre Arbeit. Sie kriegen sie irgendwie hin. Sie wurschteln sich durch. Mürrisch, achselzuckend, lahmarschig. Sie verlegen alle Lebensenergie und Freude in den privaten Bereich. Sie erreichen beruflich nie wieder den Durchschnitt, die Zeiten sind vorbei, Sie bleiben sogar so weit darunter, dass es nur gerade noch so geht. Natürlich fällt das auf. Die Teams und Abteilungen, Stationen und Lehrkörper tragen solche Kollegen in der Regel einfach mit. Jeder weiß es, Sie kann man nicht mit einplanen, Ihnen kann man nur bestimmte Aufgaben übertragen, Sie darf man nicht überlasten. Alle sind wütend, aber niemand interveniert. Vielleicht in der weisen Voraussicht, dass es einen auch selbst treffen könnte oder dass Sie schon gestraft genug sind.

Für Sie ist es eine Art Betäubungszustand. Wie unter Valium, das wirkt relativ unspezifisch. Betäubt werden alle beruflichen Ideale oder ehrgeizigen Pläne, die Sie einmal hatten. Betäubt wird der Wunsch, etwas zu leisten und zustande zu bringen. Denn schließlich hat dieser Wunsch Sie genau da hingebracht, wo Sie jetzt sind. In eine lauwarme, erst etwa zum 67. Lebensjahr enden wollende Hölle.

▷ Doch nicht alle sind für die Abstumpfung geschaffen. Nicht alle halten in der Hölle bis zum Ende durch. Es kommt in der Folge selten, aber nicht selten genug zu malignen, also bösartigen Entgleisungen.

Scheitern, Scham und Selbstwerteinbruch machen insgeheim unglaublich wütend. Diese Wut mit ihrer enormen destruktiven Wucht kann nicht länger unter dem Deckel gehalten werden und bricht sich Bahn. Sie richtet sich meistens in Form von selbstzerstörerischem Verhalten nach innen, gegen das eigene Selbst.

Suchtmittel werden konsumiert, zu viel oder gar nicht mehr gegessen oder geschlafen. Suizidgedanken tauchen auf und nisten sich ein. Denn alles ist sinnlos geworden, die Welt wäre ohne einen besser dran, und außerdem würden dann endlich alle mal sehen, dass …!

Die Aggression kann sich aber auch nach außen richten, gegen das Unternehmen (Diebstahl, Sabotage, Spionage) oder gegen die Anvertrauten. Schüler werden gequält, bloßgestellt, gedemütigt. Alte Menschen in Pflegeheimen werden misshandelt, Patienten in Krankenhäusern sogar getötet. Das sind sicherlich Extreme, aber viele Übergriffe finden im Kleinen, im Verborgenen statt und fallen nicht weiter auf. Alle sind ja nur ein wenig gestresst, nicht wahr?

Natürlich können solchem Verhalten auch Psychosen oder andere schwere Störungen zugrunde liegen. Oft genug aber ist es die Entgleisung eines Burnouts.

Das können Sie sich gar nicht vorstellen? Warten Sie es ab. Habe ich Sie erfolgreich in den Burnout begleitet, wird Ihnen so einiges nicht mehr unmöglich erscheinen. Aber davon sind wir noch weit entfernt. Nicht gleich nach den Sternen greifen! Jeder hat mal klein angefangen. Und jedem Anfang wohnt ein Zauber inne. Oder so ähnlich.

▹ Es gibt noch eine dritte Möglichkeit, die ich Ihnen aber nicht verraten werde. Ich sage nur: Fahnenflucht. Mehr nicht.

KAPITEL III:

RESSOURCEN FÜR IHREN BURNOUT – ODER HABEN SICH IHRE ELTERN ALL DIE MÜHE GEMACHT, DAMIT SIE SICH ÜBER SIE HINWEGSETZEN?

Jetzt haben wir uns lange genug mit trockener Theorie beschäftigt. Sie wollen endlich wissen, wie Ihre Chancen stehen, einen Burnout zu entwickeln, ist es nicht so? Welche Voraussetzungen bringen Sie mit? Was könnten Ihre persönlichen Ressourcen sein, die einen Burnout wahrscheinlich machen oder aber auch in weite Ferne rücken?

Ich sage Ihnen gleich, ganz ohne Unterstützung durch Ihren Arbeitgeber haben Sie schlechte Karten. Sie werden schon ein wenig Schützenhilfe von Ihrem Unternehmen benötigen. Aber damit beschäftigen wir uns im nächsten Kapitel ausführlicher. Jetzt und hier stehen SIE im Mittelpunkt.

Es stellt sich die Frage nach Ihrer Begabung.

Und machen Sie bitte nicht irgendwelche Gene verantwortlich. Oder diese und jene Konstellation in Ihrem Gehirn, Sie kleiner Hobbyneurobiologe! Das ist modern, ich weiß, aber ich mache da nicht mit. Nein, günstige Voraussetzungen für einen Burnout werden in der Sozialisation, also in der Biografie angelegt. Das Wichtigste bekommt man im Elternhaus vermittelt, später kommen Kindergärten, Schulen und eine Gesellschaft dazu, die Leistungsbereitschaft und -fähigkeit zu zentralen, fast möchte man meinen, zu den einzig statthaften Werten erhoben hat.

Ach ja, diese Wertediskussion. Die führen wir jetzt nicht. Wenn jemand „Werte" sagt, meint er meistens WERT, und zwar im banalen, ökonomischen Sinne, ist Ihnen das auch schon aufgefallen? Das kommt uns entgegen, führt aber hier zu weit. Lesen Sie „Das Kapital", das kann nie schaden.

Zurück zum Thema.

Ich möchte den Zusammenhang zwischen Sozialisation und Burnout anhand einiger Beispiele veranschaulichen, um einen Eindruck zu vermitteln, wie wertvoll das frühe Engagement der Eltern tatsächlich sein kann. Welche Faktoren in der Persönlichkeit und in der eigenen Lebensgeschichte sind hilfreich und welche (vielleicht verborgenen) Talente schlummern auch in Ihnen?

Sie sind aufgerufen, sich zusätzlich und eigenständig ein paar Gedanken zu Ihrer individuellen Biografie, zu Ihrem So-geworden-Sein zu machen. Am besten auf eine Weise, die Sie stark hadern lässt und den Eltern alle Schuld gibt.

Bekommen Sie das hin? Diesen Wissenstransfer?

Wir werden sehen.

1. ALLMACHTSFANTASIEN – AUTOBAHN IN DEN BURNOUT

ICH KANN ALLES BEWIRKEN. IMMER.

Ein wunderbares Mantra. Reine Energie. Ein Motor, der sich selbst am Laufen hält, ein Perpetuum mobile.

ICH KANN ALLES BEWIRKEN. IMMER.

Kennen Sie das Gefühl? Nein?

Schade.

Der omnipotente Mensch verfügt im Gegensatz zu allen anderen armseligen Kreaturen über unmenschliche, unendliche und einzigartige Kräfte. Er kennt keine Belastungsgrenze, braucht weder Pausen noch Feierabend, weder Mitstreiter noch Fürsprecher. Er ist genial und unersetzlich und macht es immer als Einziger wirklich richtig.

Das ist Größenwahn?

Natürlich!

Und? Was dagegen?

Sie denken, davon sind Sie weit entfernt? Ja?

Na gut, wenn Sie meinen.

Eine gute Portion Größenwahn ist aber ganz wesentlich für die Entwicklung eines Burnouts. Deshalb möchte ich ein wenig ausführlicher darauf eingehen. Sollten Sie es ein bisschen einfacher und verdaulicher haben wollen und sich nicht weiter für faszinierende Details aus der Psychologie interessieren, dann überspringen Sie bitte den folgenden Exkurs. Ich will Sie nicht zwingen.

Ist mir doch egal. Bitte schön.

Exkurs: *ICH KANN IMMER – Psychologie der Omnipotenzfantasie*

Omnipotenzfantasien dienen der Abwehr von Schuld-, Scham- oder Ohnmachtsgefühlen und sind ganz natürlich. Zumindest für Kinder und pubertierende Jugendliche. Wer ganz klein, unzulänglich, abhängig und ohnmächtig ist, fantasiert sich gaaaanz groß, potent, unabhängig und mächtig.

Viele Zeichentrickfilme und Kinderbücher spielen mit den Größenfantasien von Kindern. Die wilden Kerle küren den kleinen Max, der ohne Essen ins Bett musste, zum König, und als König darf er alles bestimmen und ruft: „Jetzt machen wir Krach!"

Auch Superhelden wie Hulk oder Spiderman verkörpern Omnipotenzfantasien, und häufig haben sie unscheinbare, schrecklich normale Alter Egos im realen Leben, deswegen kann man sich umso besser mit ihnen identifizieren. Da ist keiner von uns so ganz gefeit!

Auch wenn uns Erwachsenen die Omnipotenzfantasien von Jugendlichen oft auf die Nerven gehen.

„Ja, ja, du wirst die Welt retten, Topmodel oder Profifußballer werden und außerdem Wale, Robben und Regenwälder vor dem Untergang bewahren, kannst aber leider nicht aus dem Bett aufstehen, weil …"

Aber, liebe Jugendliche, das liegt nur daran, dass Erwachsene sich nicht mehr so richtig an ihre eigenen Illusionen und Tagträume in jungen Jahren erinnern können, oder sie sind ihnen peinlich, weil genau diese Erwachsenen jetzt armen Rentnerinnen Anlageprodukte verkaufen, mit denen sie schlecht dran sind.

So weit, so gut. Normalerweise können sich Menschen mit dem Erwachsenwerden von ihren Allmachtsfantasien auf gesunde Weise distanzieren. Zum einen erleben sie real mehr Möglichkeiten, über das eigene Leben zu bestimmen, es aktiv zu gestalten und sich zum Beispiel von den Eltern unabhängig zu machen. Zum anderen können reifere Persönlichkeiten es mit der Zeit besser ertragen, auch ein wenig unzulänglich, ohnmächtig, bedürftig und abhängig zu sein. Sie integrieren diese Gefühle und kommen mehr oder weniger gut damit zurecht.

Aber es gibt Faktoren in der Biografie, die dazu verführen, dass Allmachtsfantasien aufrechterhalten werden müssen, und zwar um jeden Preis. Ich möchte Ihnen das an einem Beispiel erläutern, damit Sie es wirklich verstehen. Verzeihen Sie mir dabei die plakative Vereinfachung.

Stellen Sie sich ein kleines Mädchen vor. Es wächst mit einer alkoholkranken Mutter auf. Das Mädchen übernimmt deshalb sehr früh in seinem Leben sehr viel Verantwortung. Dafür, dass die lallende Mutter nicht ans Telefon geht. Dass sie nicht die Treppe hinunterfällt. Dass der Vater nicht wieder die Flaschen findet und dann schimpft und dann ausziehen will. All das lastet auf den Schultern des kleinen

Mädchens. Die kindlichen Bedürfnisse, liebevolle Versorgung und Zuwendung zu erfahren, müssen zurückgestellt, abgewehrt, dürfen gar nicht mehr wahrgenommen werden.

Es bildet sich im kleinen Mädchen das Gefühl heraus: ES LIEGT AN MIR. ICH muss die Mutter versorgen und die Familie zusammenhalten. Wenn ich mich nur genügend anstrenge und gut genug aufpasse, wird nichts Schlimmes passieren.

TA-TAAH! Die Geburtsstunde einer Allmachtsfantasie.

Und was die Sache besonders brisant macht: Es funktioniert. Hat die Tochter die Mutter erfolgreich von der Kneipe nach Hause geschleppt und ins Bett verfrachtet, wo sie jetzt friedlich ihren Rausch ausschläft, kann sich das kleine Mädchen tatsächlich sehr groß und sehr mächtig fühlen anstatt hilflos, ausgeliefert und vernachlässigt.

Was ist das Problem?

Genau! Sie haben gut aufgepasst! In Wahrheit kann das nicht klappen. Das kann nicht gut gehen.

Das kleine Mädchen wird nämlich gar nicht so viel von alledem bewirken, auch wenn es nicht mehr zu Freundinnen geht, immer auf der Hut ist und nicht einmal mehr schläft. Am Ende fällt die Mutter doch die Treppe hinunter, liegt in einer Blutlache, und das Mädchen hat die Nummer für den Notruf nicht, und der Vater geht nicht ans Telefon, und da sitzt es und weiß nicht weiter, einen Scheißdreck ist sie dann wert, die ganze schöne Allmachtsfantasie.

Das Mädchen sieht irgendwann an diesem schrecklichen Tag im Krankenhaus all diese Krankenschwestern, die so nett sind und sich um das kleine Mädchen kümmern (sie kümmern sich auch um die Mutter, da sind sie nicht ganz so nett, das fällt auf, aber immer noch sehr nett). Und dann beschließt das Mädchen: Ich werde auch Krankenschwester. Weil so kann ich immer anderen helfen und mich kümmern und muss nicht mehr so lange danebensitzen, wenn jemand wie die Mutter so arg blutet, dann weiß ich immer, was zu tun ist und wen man rufen muss und solche Sachen.

Man wird die junge Frau später nicht davon abhalten können, sich für den Pflegeberuf zu entscheiden. Da ist sie ja auch irgendwie richtig mit ihrer Motivation. Aber sie wird ihr ganzes Päckchen Omnipotenz mitnehmen, weil sie diese Fantasien noch nicht aufgeben konnte. Die Realität, die Schuldgefühle, die Ohnmacht und die Beschämung über sich selbst und die eigene Mutter wären zu schrecklich und einfach nicht auszuhalten.

Die Überzeugung wird sein: Ich kann kranken Menschen helfen. Ich kann Leben retten. Ich kann alles gutmachen. Wenn ich nur immer gut genug aufpasse und mich wahnsinnig reinhänge und niemals nachlasse, dann wird nichts Schlimmes passieren.

Ich nicke gerade wissend mit dem Kopf. Das können Sie nicht sehen, aber es bedeutet, dass sich unsere junge Frau auf einem schmalen Grat bewegt.

Denn halten wir uns doch mal so eine Intensivstation vor Augen. Da passiert leider jeden Tag etwas Schlimmes. Menschen sterben. So oder so. Man kann nicht genug aufpassen, sich nicht genug reinhängen, weil das Personal fehlt und alle dauernd krank oder zur Kur sind und die anderen schon Doppelschichten machen. Man ist nie fertig, hat es nie wirklich geschafft, nie wirklich im Griff. Es wird ja schon der Nächste eingeliefert, auch der ist in kritischem Zustand. Und der Arzt kommt nicht, wenn man ihn ruft. Sollte er doch kommen, fragt er die Schwester, was er tun soll, denn er ist erst seit zwei Wochen da.

Unsere junge Frau hat aber doch ihre Allmachtsfantasie, verstehen Sie?

Sie geht nie langsam, sie rennt. Sie macht nie regulär Pause, die Zeit würde sie ja den Patienten wegnehmen, die da liegen und röcheln und sie brauchen. Sie hat für jeden weinenden Angehörigen ein nettes Wort. Sogar für die Patienten, die sie gar nicht hören können, weil sie im Koma liegen. Sie geht noch einmal alles durch, bevor sie nach zwölf Stunden endlich nach Hause fährt. Und denkt dann weiter darüber nach, was sie vergessen und versäumt haben könnte. Was am nächsten Tag zu beachten sein wird. Denn es liegt doch an ihr.

Und deswegen kann sie noch, wenn die anderen nicht mehr können. Deswegen ist sie noch da, wenn sie eigentlich schon weg sein sollte.

Diese anderen gehen ihr bereits aus dem Weg.

Sie spürt ihre Erschöpfung nicht. Ihren Drang, sich in eines der Betten zu legen und versorgt zu werden, mit Nahrung, mit Sauerstoff, mit freundlichen Worten und einem sanften Streicheln über den Kopf. Sie spürt sich nicht mehr. Sie spürt nur diese gewaltige Aufgabe, die eigentlich nicht zu lösen ist, und deshalb muss sie noch härter arbeiten und noch mehr schaffen.

Bis zu dem Tag, an dem ihre Hände so stark zittern, dass sie diese Ampulle nicht aufziehen kann. Es geht nicht. Alle starren sie an. Ein Kollege nimmt ihr die Spritze aus der Hand.

Die Allmachtsfantasie zeigt nun ihre erbarmungslose, grausame Kehrseite: das Scheitern.

Verstehen Sie nun den Zusammenhang von Omnipotenzfantasie und Burnout? Von Größenwahn und Zusammenbruch?

Oder nicken Sie nur brav und tun so, als ob?

Zu diesem Zeitpunkt kann ich auf die Schwächeren unter Ihnen leider keine Rücksicht mehr nehmen. Wir würden die anderen nur aufhalten, die schon weiter sind und offenbar schneller begreifen.

Kehren wir zu denen zurück, die meine packende Schilderung der Hintergründe ausgelassen haben und sich lieber nur oberflächlich mit dem Thema befassen möchten.

Wer die richtige Portion Omnipotenzfantasien (tja, jetzt müssen einige hier damit leben, eben NICHT genau zu wissen, was es damit auf sich hat) mit in seinen Beruf und mit an den Arbeitsplatz nimmt, hat einen Burnout fast schon im Kasten. Denn Allmachtsfantasien bedeuten Verantwortung, Anstrengung, Engagement, noch mehr Verantwortung und noch mehr Anstrengung weit über die eigenen Grenzen hinaus. Die Omnipotenzfantasie kann nicht aufgegeben werden, nur weil es ein paar Anzeichen für Stress und Überlastung gibt. Tiefe unbewusste Ängste sprechen dagegen. Gefühle von Schuld, Unwert und Nichtigkeit würden am Ende der Fahnenstange warten, da gibt man nicht so einfach auf.

ICH KANN ALLES BEWIRKEN. IMMER.

Wer unter dieser Voraussetzung nachlässt, Fehler macht oder gar scheitert, der hat sich nicht genug angestrengt, der hat nicht alles gegeben. Er könnte und hat aber nicht, eine Schande!

Also muss er noch mehr investieren. Gerade wenn sich Symptome von Erschöpfung einstellen, müssen diese umso vehementer ignoriert werden durch eisernen und noch verbisseneren Einsatz.

Ein Teufelskreis, wie er geeigneter nicht sein kann, um sich tatsächlich und endgültig kaputtzuarbeiten.

Das Desaster wird am Ende beeindruckend ausfallen. Denn das Mantra der Größenfantasie wird sich ins Gegenteil verkehren. Ohnmacht, Unwert und Nichtigkeit werden Besitz von den Betroffenen ergreifen, und diese schönen, zerfleischenden Selbstwertzweifel werden mit dem Burnout ihre Macht eindrucksvoll entfalten.

2. DIE HEILSAME KRAFT VON SCHULDGEFÜHLEN

Wenden wir uns den bösen Schwestern der Omnipotenzfantasie zu. Den Schuldgefühlen.

Schuldgefühle sind grauenhaft. Falls Sie jemals welche hatten, und das will ich hoffen, wissen Sie Bescheid. Man würde sonst was dafür tun, um sie loszuwerden. Aber die lassen sich nicht abschütteln, die sind praktisch nicht totzukriegen. Schuldgefühle beherrschen das Zermürben, das Belagern, das Bohren und Immer-tiefer-Hineinarbeiten par excellence.

Schuldgefühle und Burnout gehören zusammen wie Currywurst und Pommes, wie Batman und Robin, wie Girokonto und Dispokredit.

Die Anfälligkeit für Schuldgefühle und schlechtes Gewissen kann über Erfolg und Misserfolg auf dem Weg in den Burnout entscheiden. Deshalb untersuchen wir dieses wertvolle Potenzial jetzt sehr genau.

Wie entstehen Schuldgefühle? Es gibt mehrere Möglichkeiten.

▷ Für unser Projekt ist am schönsten und am bedeutendsten das Schuldgefühl, überhaupt auf der Welt zu sein.

Stellen wir uns eine junge Frau vor, 17 Jahre alt. Sie hatte zufällig was mit, sagen wir mal, Helmut und wurde ebenso zufällig schwanger von ihm. Kommt vor. Ist ja noch kein Weltuntergang. Aber zufällig lebt diese junge Frau in einem katholischen Dorf mit sehr strengen, sehr katholischen Eltern. Was passiert? Die Frau muss Helmut heiraten, ihre Schule abbrechen, auf den Hof der Schwiegermutter ziehen, wo sie als zusätzliche Arbeitskraft dringend gebraucht wird. Sie bringt ein kleines Mädchen zur Welt, obwohl sie sich so sehr einen Jungen gewünscht hat, um mit einem Stammhalter ihren Status auf dem Hof zu verbessern. Das kleine Mädchen wird fortan für das Unglück, für die vertanen Chancen und das nicht gelebte Leben der Mutter verantwortlich gemacht, oder es macht sich ganz einfach selbst dafür verantwortlich.

Das Mädchen entwickelt in der Folge ein grundsätzliches Schuldgefühl und schwerwiegende Zweifel an der eigenen Existenzberechtigung. Es muss sich unbedingt Strategien überlegen, vom Schuldgefühl nicht zerfressen zu werden. Wahrscheinlich hat es dazu folgende Idee: Ich werde mir mein Recht zu existieren erarbeiten. Ich werde mich durch das, was ich leiste und vollbringe, unentbehrlich machen. Ich werde alles geben, um zu zeigen, dass ich SEIN darf.

Guter Plan!

Ab jetzt müssen wir uns keine Sorgen mehr machen. Wir brauchen nur abzuwarten. Denn es wird ja nie wirklich gelingen! Die ganze Arbeit und Aufopferung werden umsonst sein, auf dem Hof, in der Schule, im Beruf, tja, dieses Mädchen wird seiner

Mutter vielleicht niemals ein Lächeln ins Gesicht zaubern oder ein Leuchten in die Augen. Also muss es sich noch ein wenig mehr anstrengen. Und da reichen keine 100 Prozent, glauben Sie mir!

Die Frau, die aus dem Mädchen geworden ist, wird sich unter einigermaßen günstigen Voraussetzungen einen schönen Burnout zuziehen und dann natürlich noch mehr Schuldgefühle haben. Schön!

Auch tragisch natürlich, keine Frage.

Und? Erkennt sich der eine oder die andere wieder?

Nicht?

Denken Sie doch mal nach!

Haben Sie denn die Mama heute schon glücklich gemacht? Oder den Papa? Oder müssen Sie noch ein bisschen was dafür tun?

Dann mal ran. Das Glück der Eltern fliegt Ihnen nicht zu, dafür muss gearbeitet werden. Und zwar hart. Noch ein bisschen härter bitte schön.

Und glauben Sie fest daran, dass weniger Einsatz erstens unter gar keinen Umständen möglich ist und zweitens Ihre Chefin, Ihre Firma, Ihre Kollegen und alle anderen sehr traurig machen wird.

Und ich lache mir ins Fäustchen. Wieder jemanden ins Boot geholt!

Sollte das Beispiel Sie völlig kaltgelassen haben, sind Sie nicht sehr einfühlsam, das muss ich Ihnen leider so ehrlich sagen. Tja, da kann man nichts machen. Aber ich habe noch etwas im Angebot.

▹ Und zwar das Schuldgefühl durch Parentifizierung. Nicht ganz so durchschlagend in der Wirkung, aber auch nicht schlecht.

Parentifizierung heißt, dass Kinder zu Eltern ihrer Eltern gemacht werden, dass sich die natürlichen Rollen in der Familie umkehren. Oft trifft es das einzige oder älteste Kind.

Parentifizierung haben wir schon bei der alkoholkranken Mutter kennengelernt, finden sie aber auch zum Beispiel bei psychisch kranken Eltern, die sich am besten nie in Behandlung begeben und keine Verantwortung für ihre Erkrankung übernehmen. Eine ausgewachsene Depression bei Mutter oder Vater verführt dann das Kind oder nimmt es vielmehr in die Pflicht, sehr viel emotionale Fürsorge und tatkräftige Versorgung zu leisten. Es wird sich enorm verantwortlich fühlen für den Gesundheitszustand des Elternteils, der beständig in Gefahr ist, sich zum Beispiel das Leben zu nehmen. In dieser Konstellation führen jegliche Ablösungs- und Verselbstständigungswünsche zu Schuldgefühlen, würde man doch die arme depressive Mutter aus rein egoistischen Motiven im Stich und ihrem Schicksal überlassen.

Ich sage nur: Hänschen klein.

Kennen Sie das Lied?

Hänschen klein ging allein in die weite Welt hinein. Stock und Hut steh'n ihm gut, ist gar wohlgemut.

Aber Mutter weinet sehr, hat ja nun kein Hänschen mehr!

Da besinnt sich das Kind, kehrt nach Haus geschwind.

Mit dieser Botschaft im Herzen ist das Weggehen nicht so einfach. Kündigen übrigens auch nicht. Die Firma, den Chef, die Kollegen im Stich zu lassen würde erneut schlimme Schuldgefühle verursachen und ist praktisch unmöglich.

Denn später, wenn dieses Kind erwachsen geworden ist, tauchen im beruflichen Leben Übertragungsfiguren jenes Elternteils auf, zum Beispiel die depressive Chefin eines ambulanten Pflegedienstes oder der depressive Chef einer Bankfiliale. (Zum Phänomen der Übertragung wird es noch einen wahnsinnig interessanten Exkurs im Kapitel IV geben.)

Die Parentifizierung wiederholt sich, die Altenpflegerin und der Bankangestellte werden zu Mutter oder Vater ihrer Vorgesetzten und fühlen sich verantwortlich für deren Wohlergehen und tun alles, ich wiederhole ALLES, um die depressiven Eltern ein weiteres Mal zu entlasten und zu unterstützen.

Kommt dann noch ein bisschen was hinzu, meinetwegen irrwitzige Vertriebsziele oder unschaffbar viele alte Menschen, die im Minutentakt gewaschen, gefüttert, gewickelt und gespritzt werden müssen, dann hat man den Burnout vielleicht schon im Kasten!

Alles klar? Und wie anfällig sind Sie für Schuldgefühle und schlechtes Gewissen, meine lieben Leserinnen und Leser? Gibt es da vielleicht bestimmte Knöpfe, die man drücken muss, und schon sind Sie dabei?

Gut. Das reicht mir schon. Mehr verlange ich gar nicht. Wir stehen ja noch am Anfang. Wenn Sie nur danach suchen, werden Sie an Ihrem Arbeitsplatz einige Nahrung für Ihre Schuldgefühle finden. Greifen Sie im richtigen Augenblick zu!

Einige Beispiele aus dem Kollegenkreis:
- Hast du schon wieder frei?
- Gehst du schon heim?
- Ich würde auch gerne EIN Mal pünktlich nach Hause gehen.
- Elternzeit, na toll, und wir müssen deine Arbeit mitmachen!
- Du hast keine Ahnung, was hier los ist, du bist ja nur halbtags da.
- Na, wieder gesund? Schnupfen gehabt?
- Ich schaffe mir auch ein Kind an. Auf Mütter wird hier ständig Rücksicht genommen!

Und so weiter und so weiter.

Die Liste könnte ewig fortgesetzt werden. Vorgesetzte, Patienten, Schüler, Kunden, alle tun ihr Bestes, um Schuldgefühle zu evozieren.

Mein Tipp: Wehren Sie sich nicht. Lassen Sie diese Botschaften einfach zu sich hinein. Sie sollen Ihnen Motivation und Antrieb sein. Schuldgefühle wollen weggearbeitet werden. Und das geht nun einmal nicht, wenn Sie immer nur eine Zwei oder eine Eins minus mit nach Hause bringen. Leiden ist notwendig, Schmerzen, verstehen Sie? Es muss richtig wehtun, erst dann sind Sie so langsam im grünen Bereich.

Haben Sie schließlich einen Hörsturz und liegen im Krankenhaus, haben Sie schon einiges erreicht. Dann heißt es weitermachen, nicht nachlassen, zack, zack wieder zur Arbeit, und sprechen Sie bloß nicht mit dem Klinikpsychologen!

Und wenn wir schon dabei sind, haben Sie schon gemerkt, dass Mütter immer an allem schuld sind? Ist doch wahr! Und deshalb nehmen wir uns jetzt ein wenig Zeit speziell für die berufstätigen Mütter. Sie haben ein bisschen Aufmerksamkeit verdient. Aber nicht zu viel! Wir wollen es nicht übertreiben! Sonst tun sich diese Frauen nur wieder selber leid und fahren in ein Wellness-Wochenende. Das gilt es doch zu vermeiden.

Exkurs: ***Ein Wort an die hart arbeitenden Mütter***

Sie haben Kinder und sind berufstätig. Beides gleichzeitig.

Soso.

Macht Sie das nicht manchmal ein wenig nachdenklich?

Teilzeit oder Vollzeit?

Egal, Sie haben auf jeden Fall zu wenig Zeit für Ihre Kinder. Das ist offensichtlich. Oder warum schreibt der Große Dreier, und die Kleine muss zur Ergotherapie?

Hm???

Ach, bei Ihnen ist alles in Ordnung? Keine Probleme? Ja?

Dann haben Sie Ihre Kinder also schon so weit dressiert, dass sie nur noch funktionieren. Wie Roboter. Macht Ihnen das keine Sorgen? Ich meine, für das bisschen Geld und eine gute Portion Selbstverwirklichung zahlen Ihre Kinder einen ganz schön hohen Preis, finden Sie nicht?

Ach, Sie brauchen das Geld? Sie sind auch noch alleinerziehend?

Na ja, da kann man nichts machen. Von Anfang an haben Ihre lieben Kleinen die schlechteren Startbedingungen. Das ist traurig, aber wahr. Vielleicht werden sie es aufholen. Wer weiß. Wahrscheinlich nicht.

Verstehen Sie das Prinzip?

Es geht um Ihre SCHULDGEFÜHLE.

Ständige, grauenhafte, kirremachende Schuldgefühle.

Weil Sie jeden Tag zur Arbeit gehen und Ihre Kinder in

eine Einrichtung geben, die große Ähnlichkeit mit einem rumänischen Waisenhaus hat. Weil Sie keine Kuchen backen und keine Adventskalender mit 24 liebevoll gebastelten Minigeschenken zu bieten haben. Weil Sie nicht zum Kinderyoga gehen, das findet nämlich vormittags statt. Weil Sie nicht immer geduldig, sanftmütig und verständnisvoll sind. Weil die Kinder der anderen Mütter viel schneller durchgeschlafen haben, sauber und schulreif waren und außerdem weniger hauen und länger stillsitzen.

Vergleiche sind wichtig. Aber bitte immer mit denen, die es besser machen. Die dann auch mit tollen Noten, Sportmedaillen, kreativen Kunstwerken und Muttertagsgedichten belohnt werden.

Zum Glück schenken sich Mütter in der Konkurrenz um Platz eins gar nichts. Das ist ein Hauen und Stechen. Da wird angegeben und geschwindelt auf Teufel komm raus. Herrlich! Da muss man ja Schuldgefühle kriegen! Wenn man als Rabenmutter mal wieder das Gefühl hat, man könnte dieses wunderbare, kleine, schutzbedürftige Wesen an die Wand klatschen anstatt es einfach nur zu lieben, wie alle anderen Mütter das jede Sekunde ihres Lebens tun.

Setzen Sie sich ruhig mal an den Spielplatz und kommen Sie ins Gespräch mit anderen Frauen. Die werden Ihnen von Heldentaten ihrer Kinder berichten, von denen Sie nur träumen können. Und die werden nicht mit kleinen Spitzen sparen nach dem Motto: „Ist das Ihrer? Sehr lebhaft, gell? Ach, der ist schon drei? Merkt man gar nicht! In dem

Alter hat meine schon einen Roman geschrieben und Mathematik studiert!"

Hüten Sie sich allerdings vor Müttern, die wie Sie manchmal erschöpft, gereizt und am Ende sind und die sich nur einen einzigen Tag ohne dieses Kind herbeisehnen. Diese Mütter tun Ihnen nicht gut. Sie könnten Freundinnen werden, Ihr Schicksal solidarisch meistern, sich gegenseitig trösten und unterstützen und vielleicht sogar gemeinsam lachen! Das wollen wir doch vermeiden, oder? Wir haben ein Ziel, meine Damen!

Das ist doch das Gute: Mütter, die Ihren Kindern gegenüber Schuldgefühle haben, kommen nicht zur Ruhe. Die trinken auch keine Tasse Kaffee nach der Arbeit. Die reißen sich zusammen und legen eine Schippe drauf für die Kleinen. Da wird gespielt und gefördert und geschwommen und geturnt auf Teufel komm raus. Dass Kinder nach der Kita ihre Ruhe brauchen, vielleicht lieber eine CD hören oder mit dem Piratenschiff vor sich hin spielen, weil endlich keine anderen 25 Kinder sofort alles wegnehmen und permament herumschreien, das spielt jetzt alles keine Rolle. Die Schuldgefühle müssen abgearbeitet werden. Bis die gute Mutter dann abends völlig auf dem Zahnfleisch geht und anfängt, ihre lieben Kinder anzuschreien. Das ist prima! Das macht noch mehr Schuldgefühle!

Deswegen wird sich diese Mutter nie mehr mit einer Freundin treffen oder zum Friseur gehen oder gar einen Babysitter engagieren. Babysitter führen in der Regel nichts

Gutes im Schilde, das weiß doch jeder, es gibt eine Menge Filme darüber!

Wenn die gute Mutter dann am nächsten Tag zur Arbeit erscheint, wieder einmal zehn Minuten zu spät wegen des Theaters beim Zähneputzen und beim Frühstück und beim Abschied in der Kita, dann wird sie das Gefühl haben, eigentlich schon einen Arbeitstag hinter sich zu haben. Und weil sie aber früher gehen muss wegen dieses Elterngesprächs, muss sie sich ganz besonders ins Zeug legen und auf jeden Fall die Mittagspause sausen lassen. Außerdem könnte der nächste Magen-Darm-Infekt aus der Kita schon im Anmarsch sein, und dann soll sie das mal wieder ihrem Chef erklären!

Puh. Wenn ich das so schreibe, werde ich kurzatmig. Mein Magen krampft sich zusammen. Diese Mütter können einem leidtun. Die sind ganz schön im Einsatz und haben es nicht leicht im Leben.

Aber Sie haben es selbst so gewollt. Tut mir leid, wenn ich das sagen muss. Tja, hätten Sie sich das halt mal früher überlegt. Und wenn wir schon dabei sind. Auch als Mutter, die nicht arbeitet und *nur* zu Hause ist, müssen Sie jetzt nicht gleich verzweifeln. Auch Sie können Schuldgefühle entwickeln, sich überfordern und zusammenbrechen. Wirklich!

Vielleicht pflegen sie ganz nebenbei noch einen Angehörigen? Müssen 24 Stunden am Tag wachsam und im Einsatz sein, auch wenn die Kinderchen endlich mal schlafen?

Das ist doch toll! Meine Anerkennung! Nur jetzt keine Fehler machen. Nehmen Sie auf keinen Fall irgendeine Form von Entlastung an, schließlich gehen Sie nicht arbeiten!

Sie stecken Ihre Kinder in den Kindergarten, obwohl Sie nicht arbeiten? Sehr egoistisch von Ihnen, meine Liebe. Na dann polieren Sie wenigstens das Haus auf Hochglanz!

Auch Sie schreien Ihre Kinder manchmal an? Wo Sie doch nichts, rein gar nichts zu tun haben? Da hätte ich auch Schuldgefühle, haha! Wollen Sie mit Ihren berufstätigen Konkurrentinnen mithalten, müssen Sie eben an anderer Stelle ein bisschen mehr Einsatz zeigen. Ihre Wohnung muss sauberer sein, Ihr Mann glücklicher, die Kinder besser geraten. Sehen Sie das ein? Prima. So werden wir Freunde. Nur nicht aufgeben, nicht schlafen, nicht ausruhen, nicht nachlassen.

Voilà: Burnout.

3. IHRE CHANCE – IHR MANGELNDES SELBSTWERTGEFÜHL

Wir haben alle ein mangelndes Selbstwertgefühl. Am meisten mangelt es denen, die scheinbar besonders selbstbewusst und von sich überzeugt sind. Sonst müssten sie sich ja nicht so aufblasen.

Aber hier geht es um Burnout. Wie können wir unsere Selbstwertzweifel nutzbringend einsetzen?

Wir verbinden einfach unseren Selbstwert oder das, was davon übrig ist, ausschließlich mit dem Thema Leistung. Was wir leisten, sind wir wert, basta.

Damit machen wir uns vollständig abhängig vom Erfolg unserer Anstrengungen und von der Anerkennung dieses Erfolges durch andere. Denn Erfolg, den keiner sieht, ist keiner. Und ausruhen darf man sich auf Erfolgen schon gar nicht.

Auf die Weise können auch sehr erfolgreiche Menschen ihr Selbstwertproblem weiter hegen und pflegen. Es darf nie genug sein. Ist das eine Projekt erfolgreich abgeschlossen, gibt es ein Gläschen Sekt, aber dann husch, husch, schon geht es an das nächste Projekt. Und das kann ja wieder total schiefgehen, und Sie müssen sich noch mehr reinhängen, und das vergangene Projekt ist längst Schnee von gestern. Sie fangen einfach immer wieder ganz von vorne an und verlassen sich niemals, niemals darauf, dass Sie es können und draufhaben. Denn Sie haben ja dieses mangelnde Selbstwertgefühl.

Und lassen Sie den Sekt das nächste Mal doch lieber weg. Ist besser für Sie.

Wichtig ist der Umgang mit Fehlern.

Gehen Sie nachsichtig mit Ihren Fehlern um? Verzeihen Sie sich Fehler (allzu leicht)???

Dann hinterfragen Sie das jetzt bitte. Menschen, die sich ihrer Fehler schämen, die nachts um vier über ihre Fehler nachgrübeln und die ihre Fehler für grundsätzlich fatal und unverzeihlich halten, sind Ihnen einen entscheidenden Schritt voraus. Nach einem Fehler darf nichts, gar nichts mehr von Ihrem Selbstwert übrig bleiben. Sie sind ein Versager, ein Loser, das Allerletzte. Nur dann ist Ihr Selbstwert wirklich untrennbar mit Leistung und Erfolg verbunden. Wenn Sie nichts durchgehen lassen.

Andere sind okay, aber Sie nicht!

Haben Sie das? Ihr Bruder, Ihr Vater, Ihr Kollege, Ihr Chef, Ihre Frau, Ihre Kinder, alle okay, aber SIE müssen erst beweisen, dass Sie okay sind! Schreiben Sie es sich hinter die Ohren. An die Arbeit!

Was haben Sie bisher vorzuweisen? Nichts!

4. KONFLIKTVERMEIDUNG – JA SAGEN UM DES LIEBEN FRIEDENS WILLEN

Ich hasse Konflikte.

Ist es nicht wunderbar, sich mit jedem zu vertragen und einfach gut miteinander auszukommen?

Konflikte sind hässlich und unnötig und verletzen Menschen. Schrecklich.

Geht Ihnen das genauso? Vermeiden Sie also grundsätzlich und konsequent jeden Konflikt, auch wenn Ihnen ein Fehdehandschuh hingeworfen wird? Halten Sie die andere Wange hin?

Sie gefallen mir!

Denn Ihre Entschlossenheit, Konflikte zu vermeiden, bedeutet, dass Sie niemals eine Grenze ziehen, sich niemals gegen Anforderungen zur Wehr setzen und niemals Nein sagen. Das kann sehr anstrengend werden, allerdings! Und einen weiteren kleinen Beitrag zu unserem Vorhaben liefern.

Zusatznutzen: Wer immer Ja sagt, wird auch immer gefragt!

Nach zehn Diensten am Stück einspringen und die Schicht am Wochenende auch noch übernehmen?

Die Frau Meyer in der 9b vertreten, wo doch jeder weiß, dass die 9b eine Katastrophe ist und dass Sie schon den Herrn Müller in der 7a vertreten?

Diesen Bericht mit der Kostenaufstellung bis Montag fertig machen, weil der Sowieso aus dem Ministerium im Anmarsch ist und die Zahlen nun einmal haben will?

Das neue Projekt, das so schwierig ist und so viel Zeit kosten wird, auch noch annehmen, obwohl das Team nur noch aus einer einzigen Person besteht, nämlich aus Ihnen? Und gleichzeitig den Termin für die Präsentation nächste Woche bestätigen, weil der Kunde das wünscht, obwohl das definitiv nicht zu schaffen ist?

Sehen Sie, so geht das. Nein zu sagen würde in all diesen Fällen bedeuten, Ärger auf sich zu ziehen, vielleicht sogar kritisiert zu werden. Und das wollen Sie doch nicht, oder?

Den Konflikt zu wagen heißt, es zu ertragen, andere zu frustrieren und zurückzuweisen, auch in ihren berechtigten Anliegen. Nur um der eigenen Belastungsgrenzen willen. Also aus rein egoistischen, selbstsüchtigen Motiven.

Tja, und das kann eben nicht jeder. Gott sei Dank. Wer es nicht kann, hat die besseren Karten für einen Burnout, so viel steht fest. Wer lieber Ja sagt und anschließend die Ärmel hochkrempelt und die Zähne zusammenbeißt, wird die Talfahrt in die Regeneration irgendwann nicht mehr antreten und in der Dauerspannung verbleiben.

Leuchtet Ihnen das ein?

Na, das freut mich.

Dann sind wir ja wieder einen Schritt weiter.

Also überlegen Sie sich das nächste Mal, ob Sie ein schlechter oder ein guter Mensch sein möchten. Ob Sie wieder einen Streit vom Zaun brechen oder lieber doch nachgeben sollten, wenn Sie gefragt werden. Einfach immer Ja sagen. Es fühlt sich so viel besser an, glauben Sie mir. Man wird Sie lieben. Man wird sagen: „Wenn wir dich nicht hätten!" Und dann gibt man Ihnen gleich noch das Nächste drauf und ist aber so was von dankbar dafür. „Also ehrlich, du tust mir einen Riesengefallen damit!"

Und darin können Sie sich dann sonnen, allerdings nur ganz kurz, schließlich haben Sie etwas zu tun, und die nächste Zusatzaufgabe kann auch nicht warten.

„Kümmerst du dich ab jetzt um die Geburtstagsgeschenke für die Mitarbeiter? Du hast immer so tolle Ideen, und wenn du durch die Stadt nach Hause gehst, hast du das ja schnell erledigt."

Sie könnten jetzt sagen: „Hast du sie nicht alle? Das sind 346 Geschenke im Jahr, und die soll ich in meiner Freizeit besorgen? Also mindestens, einen Moment, ich rechne das mal aus, 173 unbezahlte Überstunden machen und das mal schnell auf dem Nachhauseweg?"

Was wäre das Ergebnis einer solchen Antwort?

„Bitte, dann eben nicht", würde Ihre Kollegin sagen und sich schnippisch abwenden und die Augen verdrehen. Und sie würde es ganz sicher herumerzählen. „Stellt euch mal vor, was ich mir anhören musste, dabei habe ich nur harmlos gefragt, ich habe es ja nur gut gemeint!"

Alle würden von jetzt an über Sie denken: Was für eine zickige, kaltherzige Person!

Wäre die Antwort dagegen „Klar, das mache ich doch gerne!", würde alles gut ausgehen, alle wären zufrieden und könnten Sie weiterhin wahnsinnig gut leiden, nur dass Sie jetzt halt diese Geschenke an der Backe haben und sich immer einen Kopf machen müssen, weil sich ja jeder freuen soll, es soll aber auch gerecht zugehen, und teuer darf es ja auch nicht sein.

Na und?

Besser als eine zu sein, mit der nicht gut Kirschen essen ist. Eine mit Haaren auf den Zähnen. Eine Bissgurke.

Oder?

Ich hoffe, Sie haben die vorherigen Kapitel sorgfältig gelesen. Dann können Sie nämlich die Frage, wie man denn so wird, konfliktunfähig und -vermeidend, schon selbstständig beantworten.

Genau. Mangelndes Selbstwertgefühl, Anfälligkeit für Schuldgefühle und dann vielleicht noch die Omnipotenzfantasie, erstens, ein durch und durch guter Mensch zu sein, und zweitens, es immer irgendwie zu schaffen. Prima, schon gibt es kein Nein und keine bösen Konflikte mehr.

Der Wunsch, von allen geliebt zu werden, kann in keinem Fall schaden. Oder die Vorstellung, man könnte Grenzen ausreichend mit Plüschvorhängen und winzigen Vorgartenzäunchen setzen. Den Zahn muss ich Ihnen leider ziehen. Grenzen setzt man, indem man dem anderen, dem Nächsten, wenn Sie so wollen, ein bisschen auf den Fuß steigt. Ihn ein bisschen zurückschubst. Und das wollen wir doch bleiben lassen, nicht wahr?

Die Überzeugung, Konflikte würden in jedem Fall extrem zerstörerisch sein und niemals enden, kann Ihnen dabei helfen.

Wer will schon einen Atomkrieg oder eine Nahost-Krise verursachen?

Auch hier möchte ich auf Zusammenhänge mit der Biografie hinweisen.

Nehmen wir dieses Mal einen kleinen Jungen. Seine Eltern haben einander mal geliebt, zumindest ein Kind gezeugt, aber das ist schon eine Weile her. Jetzt hassen sie einander. Sie streiten. Jeden Tag. Laut und gemein. Ausdrücke fallen, Vorwürfe gehen hin und her, es wird geschrien und geweint.

Der kleine Junge steht jahrelang im Flur und lauscht an der Wohnzimmertür anstatt zu schlafen, weil er sich wirklich Sorgen macht. Wird die Mutter weggehen? Wird sie ihn allein lassen? Oder der Vater? Wird er ihr etwas antun? Oder sich? Versöhnungen finden nicht statt, nur Kampfpausen, in denen eisern geschwiegen wird. Dann behandeln beide ihn, den kleinen Jungen, sehr liebevoll und einfühlsam, weil von einem Sorgerechtsstreit die Rede ist.

Dieser kleine Junge wird noch als erwachsener Mann der Überzeugung sein, dass Konflikte mörderisch, sinnlos und endlos sind, und wird eventuell alles dafür tun, nicht in Konflikte hineinzugeraten, geschweige denn welche zu verursachen.

Hinzu kommt, dass der kleine Junge von damals ganz genau weiß, dass nur er selbst schuld an allem ist. Die Eltern streiten nur seinetwegen. Weil er nicht brav, nicht toll, nicht irgendwas genug ist und offensichtlich als der, der er ist, irgendwie nicht richtig. Und da sind wir wieder beim mangelnden Selbstwertgefühl. Und beim Schuldgefühl. Eines ergibt das andere, ist das nicht faszinierend?

5. VORSICHT! ENTSPANNUNG!

Es gibt Menschen, die schon sehr früh im Leben eine sogenannte *Entspannungsresistenz* entwickeln. Sie sind zu beneiden.

Es gibt familiäre und soziale Bedingungen, die geeignet sind, Entspannungsbedürfnisse von vornherein erfolgreich zu unterdrücken. Zum Beispiel durch Frustration und Ächtung. Wird von den Eltern ein Wertesystem propagiert und vorgelebt, in dem Begriffe wie Ausruhen und Erholung nicht vorkommen, wird das Kind sich diese auch gar nicht zu eigen machen und sich für seine entsprechenden Bedürfnisse vielleicht sogar schuldig fühlen. Wunderbare Voraussetzungen also, von denen andere nur träumen können. Etwas zu leisten, zu schaffen und aufzubauen hat in diesen Familien den höchsten Stellenwert, es sich gut gehen zu lassen gar keinen.

Erst die Arbeit und dann kein Vergnügen, das ist die Devise.

Am besten wird zusätzlich bösartig gelästert über Verwandte oder Nachbarn, diese Faulenzer, die ihre Straße nicht kehren, den Vorgarten nicht pflegen und stattdessen im Liegestuhl in der Sonne liegen. Bei denen sieht es aus wie bei Hempels unterm Sofa, aber zweimal im Jahr in den Urlaub fahren!

Betroffen sind häufig Familien mit kleinen Unternehmen, die trotz ständiger Anstrengung kaum Gewinn abwerfen.

Da gibt es keinen unseligen Feierabend! Eine kleine Landwirtschaft ist ebenso geeignet: Wochenenden und Ferien Fehlanzeige! Aber auch im privaten Rahmen hat jede gute Hausfrau die Möglichkeit, Entspannung zu verhindern und Faulheit auszumerzen und zu verunglimpfen. Denn sind wir mal ehrlich, hinsetzen, bevor die Bügelwäsche gemacht, die Fenster geputzt, das Bad noch einmal durchgewischt ist? Und was ist mit den Küchenschränken, die mal wieder gesäubert, dem Keller, der mal wieder ausgeräumt werden muss?

Ich empfehle zwei besonders wirksame Leitsätze:

1. Ich darf mich erst ausruhen, wenn ich fertig bin.

Herrlich!

Zum Schießen, nicht wahr?

Denn im Grunde unseres Herzens wissen wir es doch. Wir werden nie, niemals wirklich fertig sein. Der Mensch ist fertig, wenn er im Sarg liegt. Folglich kann diese schlichte, unhinterfragte Überzeugung sehr hilfreich sein. Der kontraproduktive Abschwung in die Entspannung wird in die Zukunft verschoben und nie stattfinden.

Da klatsche ich doch in die Hände!

2. Mir wurde auch nichts geschenkt!

Auch nicht schlecht, oder? Hier gefällt mir besonders, dass der generative Aspekt bereits enthalten ist. Es wird darauf hingewiesen, dass die Lebensleistung und die Not der Eltern auch die Nachkommen verpflichtet, es irgendwie schwer zu haben. Diese Nachkommen werden sich also hüten, sich auf die faule Haut zu legen. In gewisser Weise perfide, aber absolut effektiv. Und knüpft das nicht wieder hervorragend an unser Thema Schuldgefühle an, hm?

Wir nehmen uns an der Stelle Zeit für eine Abschweifung, weil das Thema so wichtig ist.

Exkurs: *Die Chancen der deutschen Geschichte*

Die deutsche Bevölkerung hat insgesamt recht gut gelernt, Entspannungsbedürfnisse konsequent zu unterdrücken. Zunächst einmal gibt es eine über Jahrhunderte gewachsene Kultur der Pflichterfüllung und des Gehorsams, beides ist nicht leicht auszumerzen. Zudem lag nach dem Zweiten Weltkrieg das Land in Schutt und Asche. In den Fünfzigerjahren des letzten Jahrhunderts ging es in der Folge darum, Wiederaufbau zu leisten und die monströse Schuld an Krieg und Völkermord zu verdrängen, was allein schon ein psychischer Kraftakt ist und enorm viel Energie verbraucht. Stellen Sie sich vor, im Keller Ihres Hauses hätte jemand Ihre Stromleitungen angezapft und einen veralteten Kühlschrank angeschlossen.

Entsprechend wurde gearbeitet. Geld verdient. Konsumiert. Ein neues Selbstwertgefühl musste her. Die Menschen fanden es im Stolz auf die eigene Leistung (das Heim, das erste Auto, die Kinder, die es einmal besser haben sollten) und in einer bewundernswert angepassten Lebensweise. Das goldene Zeitalter des Spießertums.

Und in dieser Ära war gottlob kein Platz für Wellness, Work-Life-Balance und ähnlichen Quatsch. Sich ein schönes Leben zu machen rangierte auf der Prioritätenskala ungefähr auf Platz minus sieben.

Obwohl es durchaus schon damals schädliche Einflüsse gab. Die Deutschen fingen an, nach Italien in den Urlaub zu fahren. Ich sage nur: Dolcefarniente. Süßes Nichtstun also.

Diese Italiener, ts ts ... Die saßen in Bars, tagsüber, und sie tranken Wein! In Italien gab es Siesta und Amore, Mittagsschlaf und Flirterei. Prost Mahlzeit!

Man kann sich nur ansatzweise vorstellen, wie viel Neid die armen deutschen Urlauber empfinden mussten. Aber nein, kein Mitleid bitte. Denn man ließ sich (zum Glück) nicht anstecken von diesem Virus und löste das Problem auf zweierlei Weise. Zum einen durch totale Eindeutschung der entsprechenden Urlaubsregionen (Schnitzel, Sauberkeit und zack, zack), zum anderen durch Verachtung. Ach, die Verachtung, sie ist so hilfreich, wenn es darum geht, den Faulenzer und Tunichtgut in uns selbst in die Schranken zu weisen.

Verstehen Sie jetzt, welche Grundlagen in dieser Epoche für spätere Generationen gelegt wurden? Und was langhaarige und promiskuitive Achtundsechziger tatsächlich alles zerstört haben, als sie das „Gammeln“ erfanden?

Kein Wunder, dass Burnout in den Siebziger- und Achtzigerjahren kaum ein Thema war.

Allerdings bewegen wir uns jetzt im Jahr 2015. Die letzten Hippies sind längst zur Vernunft gekommen und machen sich in Chefetagen nützlich. Die Globalisierung arbeitet uns zu. Also keine Ausreden und keine Klagen, liebe Leserinnen und Leser. Besinnen Sie sich auf gute deutsche Tugenden!

Noch ein Exkurs: *Chancen durch soziale Kontrolle in der Dorfgemeinschaft*

Wir wollen wieder in der Gegenwart ankommen.

Im Falle ungünstiger familiärer Bedingungen (siehe Achtundsechziger-Elterngeneration!) kann die dörfliche Gemeinschaft einen unschätzbaren Beitrag leisten. Im Dorf ist niemand sich selbst überlassen. Tendenzen, sich gehen zu lassen, werden sofort wahrgenommen. Das Problem wird in der Dorfkneipe, beim Einkauf und nach dem Gottesdienst diskutiert. Die Betroffenen erhalten entsprechende diskrete Hinweise.

Ein Beispiel:

Sie arbeiten im Schichtbetrieb. Vor dem Spätdienst, etwa um elf Uhr vormittags, geben Sie der Versuchung nach und setzen sich einen Moment lang auf das Bänkchen vor dem Haus in die Sonne.

In der anonymen Großstadt würde das niemanden interessieren. Da könnten Sie auf dem Bänkchen zusammenbrechen, die Augen verdrehen und Blut spucken, niemand käme Ihnen zu Hilfe. Abgesehen davon, dass es jenes Bänkchen vermutlich gar nicht geben würde, aber egal.

Im Dorf ist man jedenfalls füreinander da. Man achtet auf den Mitmenschen.

Sie sitzen da also in der Sonne und können sich in etwa folgender Reaktionen sicher sein:

„Muss auch mal sein, gell?"

„Schon fertig für heute?"

„Gar nicht auf Arbeit heute?"

„Geht's dir nicht gut? Bist du krank? Siehst bisschen blass aus."

In eilig angesetzten Besprechungen OHNE SIE wird das Problem sehr viel direkter angesprochen:

„Hat die nichts zu tun?"

„So schön möchte ich's auch mal haben!"

„Ihr Mann tut mir leid."

„Die Kinder auch."

Überprüfen Sie jetzt bitte ganz still für sich den Umgang mit Entspannung in Ihrer Usprungsfamilie.

Saßen Sie häufig „gemütlich" zusammen? Haben Sie sich bei gemeinsamen Mahlzeiten verquatscht, und das Geschirr stand ewig auf dem Tisch herum? Saß Ihre Mutter etwa mit am Tisch anstatt hin und her zu rennen? Wie sahen die Wochenenden aus? Gab es sinnlose Ausflüge, Lesen auf dem Sofa, Ausschlafen und Mittagsschlaf? Nahm der Vater an Aktivitäten teil, gut gelaunt womöglich, oder war er fluchend damit beschäftigt, das Wohnzimmer mit Holz zu vertäfeln und den Partykeller auszubauen?

War die ganze Sippschaft manchmal untätig und – nennen wir es beim Namen – STINKFAUL?

Dann werden Sie es schwerer haben zu verzichten, so viel steht fest.

Übung:

Zeit für ein persönliches Fazit. Lesen Sie alle Punkte dieses Kapitels noch einmal durch. Erkennen Sie sich wieder? Wo genau? Markieren Sie die Textstellen. Was sind Ihre Ressourcen, was haben Ihre Eltern Ihnen mitgegeben? Haben diese Eltern und die Zeit, in der Sie leben, ganze Arbeit geleistet?

Nein? Überhaupt nicht?

Sie finden nicht die kleinste Gemeinsamkeit?

Meine Güte, so ganz und gar blank kann doch niemand sein!

Sie machen es mir wirklich nicht leicht. Überprüfen Sie sich. Gehen Sie alles noch einmal durch. Welche Eigenschaften, Glaubenssätze und Gefühlslagen aus diesem Kapitel treffen auf Sie zu?

…

Sehen Sie. Darauf lässt sich aufbauen.

Sie werden nicht alle Voraussetzungen optimal erfüllen, das ist klar. Leben Sie mit dieser Unvollkommenheit. Bei mir kriegen Sie den Titel „hochbegabt" nicht so einfach wie Ihre Kinder in der Hochbegabtenambulanz. Das wäre ja noch schöner.

Je weniger Burnout-talentiert Sie sind, desto mehr Fleiß werden Sie aufbringen müssen. Aber auch Begabung kann gefährlich sein. Sie könnten unser Projekt auf die leichte Schulter nehmen. So nach dem Motto: Schuldgefühle, hab ich! Omnipotenzfantasien, hab ich auch! Konflikte? Vermeide ich, so gut es geht! Entspannung? Weiß nicht, was das ist!

Und dann setzen Sie sich auf Ihr Sofa, legen die Hände in den Schoß und warten auf Ihren Burnout.

Der kommt aber nicht. Der fällt einem nicht zu. Der will erarbeitet sein. Das Leben ist kein All-inclusive-Cluburlaub, meine Damen und Herren. Es steckt voller Falltüren und Stolpersteine.

KAPITEL IV:

ÄUSSERE BEDINGUNGSFAKTOREN – BRANDBESCHLEUNIGER AM ARBEITSPLATZ

Ich studiere gerne Stellenanzeigen in der Zeitung, Sie geben einigen Aufschluss über den momentanen Zustand unserer Gesellschaft, finde ich. Wenn Sie derzeit auf der Suche nach einem neuen Wirkungsbereich sind, weil Sie sich zum Beispiel an Ihrem aktuellen Arbeitsplatz zu wenig gefordert fühlen, sollten Sie Ihren Blick für das Wesentliche in den Stellenausschreibungen schärfen. Neulich fand ich folgende Formulierung:

„Wir fördern unsere Mitarbeiter in einer partnerschaftlichen und wertschätzenden Unternehmenskultur. Wir legen Wert auf Work-Life-Balance und familienfreundliche Arbeitszeiten. Das Bereithalten von Gestaltungsspielräumen und die stetige Qualifizierung unserer Mitarbeiter sind Grundprinzipien unserer Mitarbeiterentwicklung …"

Hä???

Wie bitte???

Ich hoffe, es handelt sich um einen PR-Gag.

Also wirklich. Das geht in meinen Augen eindeutig zu weit. Und diese Kuschelfirma suchte nicht etwa nach einem begehrten Spezialisten, dem man zwangsläufig den roten Teppich ausrollen muss, nein, gesucht wurde ein Sachbearbeiter für ein Logistikunternehmen!

Man kann es wirklich übertreiben.

Aber sehen Sie, solche Auswüchse gibt es nur in Zeiten niedriger Arbeitslosigkeit. Das sah in den Neunzigerjahren noch ganz anders aus.

Zum Glück sind das auch heutzutage seltene Ausnahmen.

Für Sie als Arbeitssuchende gilt, auf Hinweise zu achten, in welcher Firma der richtige Wind für Ihren Burnout weht.

„Wir erwarten von Ihnen mehrjährige Berufserfahrung, sicheres und jugendlich-dynamisches Auftreten, überdurchschnittliche Motivation, Einsatzbereitschaft und Belastbarkeit, einen ausgeprägten Willen zum Erfolg, aber auch absolute Flexibilität und Mobilität und natürlich umfassende Soft Skills, außerdem perfekte Englisch-, Chinesisch-, EDV- und sowieso alle anderen Kenntnisse sowie Führungserfahrung und Kompetenz und eine schlanke Figur, ein gewinnendes Lachen, schöne Augen und sichtbare Sportlichkeit, einen IQ von 150 und den Verzicht auf Freundschaften außerhalb des beruflichen Umfeldes und auf diese Work-Life-Balance-Scheiße … Ach ja, und Sie sollten keinen Uterus (mehr) besitzen."

Ich sage Ihnen, das ist Musik in meinen Ohren. Greifen Sie zu! Der Rest ergibt sich dann von selbst. Vor allem, wenn Sie das alles sehr ernst nehmen und Ihre Unterschrift unter den Arbeitsvertrag als eine Art Verpflichtungserklärung begreifen, all diese Erwartungen nicht nur zu erfüllen, sondern zu übertreffen und so Ihren neuen Arbeitgeber zu *überraschen*.

Die Unterstützung des Arbeitgebers ist bei der Entwicklung eines Burnouts von fast unschätzbarem Wert. Sogar gänzlich Unbegabte können im richtigen Unternehmen einiges zustande bringen (wenn sie nicht doch vorschnell aufgeben und sich aus dem Staub machen). Andererseits kann auch der Begabteste scheitern, wenn der Arbeitgeber und die Vorgesetzten nicht ein wenig mit anpacken.

Viele Organisationen machen das meist instinktiv richtig und sind sich der Unterstützung, die sie leisten, gar nicht recht bewusst. Andere wiederum sind schon weiter und setzen ihre Instrumente gezielt ein, um praktisch jedem Mitarbeiter die Chance auf einen Burnout zu bieten. Man hat dort eine hohe Fluktuation schätzen gelernt, insbesondere von qualifizierten, gut eingearbeiteten und engagierten Kräften, aber auch den expandierenden Krankenstand, Dienst nach Vorschrift, Veränderungswiderstand, eine rätselhafte um sich greifende Trägheit und vor allem das insgesamt katastrophale Betriebsklima. Ja, auch Unternehmen profitieren von einer guten Burnout-Rate!

Deshalb möchte ich im Anschluss einige Faktoren vorstellen, die Arbeitgeber in diesem Sinne nutzen können. Und Sie, liebe Burnout-Kandidatin, lieber Burnout-Kandidat, sperren Ihre Lauscherchen weit auf bei diesem Thema und checken Ihre Arbeitssituation. Tut Ihr Unternehmen wirklich schon alles für Sie? Oder sind Sie ganz auf sich selbst gestellt?

Nicht verzweifeln. An der einen oder anderen Schraube können Sie an Ihrem Arbeitsplatz ganz sicher noch drehen. Sie müssen sich nur ein wenig, nein besser sehr viel mehr anstrengen.

Sehen wir uns also die äußeren Bedingungen an, die hilfreich sein können auf Ihrem Weg.

1. DRUCK UND ÜBERFORDERUNG – ABER RICHTIG!

Erfahrene Führungskräfte werden jetzt großschnäuzig rufen: „Ist doch babyleicht! Alle fühlen sich doch sowieso dauernd überfordert, diese Weicheier!"

Aber so einfach machen wir es uns hier nicht, meine Herren! Die Damen mögen es mir verzeihen, aber es gibt Sie ja kaum in den Führungsetagen, also wenn wir mal auf dem Boden der Tatsachen bleiben, oder glauben Sie wirklich, dass Sie als *Senior Irgendwas Manager* eine Führungsposition innehaben? Ja? Schauen Sie sich mal Ihren

Gehaltszettel an. Und Ihren Einflussbereich. Also wirklich. Ich halte Sie noch immer für intelligent. *Senior* heißt: keine Zeiterfassung, Überstunden im Gehalt inbegriffen und ansonsten Klappe halten und Umsatz machen. Oder? Aber selber schuld. Strengen Sie sich ein wenig mehr an, liebe Frauen! Kann doch nicht so schwer sein. Kostüm angezogen, los geht's! Schwesternkluft, und Einsatz! Mehr Einsatz, meine ich! Noch mehr! Sonst wird das nie etwas. Sie haben schließlich Eierstöcke und männliche Konkurrenz, meine Damen! Wenn Sie nicht im letzten Matriarchat der Erde abgeschnitten von der Außenwelt aufgewachsen sind, wissen Sie also Bescheid. Mehr, viel mehr ist die Devise. Und ein bisschen Augenaufschlag und grundsätzliche Bereitschaft sind ja wohl auch nicht zu viel verlangt. Ich kenne eine sehr erfolgreiche Marketingmanagerin, die von ihrem CEO (= Chief Executive Officer, das heißt einfach Oberchefchef) gebeten wurde, bei einem wichtigen Meeting mit Sowieso Europe dabei zu sein.

„Was ist meine Aufgabe?", fragte sie ganz unbedarft.

Süß, gell?

„Sie sind die Petersilie", antwortete der CEO und grinste sehr, also wirklich seeeehr breit.

Verstehen Sie, was ich meine? Aber lassen wir das. Ich neige zu Gefühlsaubrüchen und Abschweifungen bei dem Thema. Entschuldigen Sie das bitte. Auch ich bin nur ein Mensch. Niemand kann aus seiner Haut. Ich bin das beste Beispiel dafür.

Wo waren wir stehen geblieben? Ach ja. Überforderung.

Grundsätzlich sollten immer zu wenig Leute da sein. Der Stellenschlüssel ist hier wirklich von großer Bedeutung, vor allem in Verbindung mit Termindruck oder mit Handlungsdruck, zum Beispiel in einem Krankenhaus, in dem die Patienten nun einmal versorgt werden MÜSSEN.

Einige Berufsgruppen sind hier klar im Vorteil, denken wir nur an die Altenpflege. Ein dauerhaft extrem eng geschnürter Stellenschlüssel trifft auf Fachkräftemangel (kein Wunder, haha!), sodass auch die vorhandenen Stellen nicht besetzt werden können. Die übermäßige Belastung führt zu vielen Krankheitstagen, hoher Fluktuation, Senkung des Pflegestandards und schließlich zu langfristigem Ausfall von Leistungsträgern durch Burnout. Perfekt.

In praktisch jedem Bereich lassen sich ähnliche Zustände herstellen, wenn man kurzerhand die Arbeit von zwei Leuten auf die Schultern eines einzigen Mitarbeiters packt, weil zwei Gehälter das Renditeziel gefährden. Nun kann ja dieser eine Mensch nicht 80 Stunden arbeiten, das wäre ja dann doch zu viel und würde auffallen. Er wird sich also beeilen müssen, auf Pausen verzichten, Urlaub verfallen lassen, Arbeit mit nach Hause nehmen und sich auch in der sogenannten verbleibenden *Freizeit* nicht mehr entspannen. Bald weiß er nicht mehr genau, wie sein Zuhause aussieht und was man außer zu arbeiten eigentlich noch so anstellen könnte.

Überforderung meint, Aufgaben zu haben, die nur noch

unter Einsatz des eigenen Lebens oder gar nicht gelöst werden können. Nicht mit dem geforderten Ergebnis, nicht in der vorgegebenen Zeit, nicht zur Zufriedenheit des Chefs, nicht zur eigenen Zufriedenheit, niemals zu irgendjemandes Zufriedenheit. Überforderung heißt, es nicht oder wahrscheinlich nicht hinzubekommen, auch nicht unter richtig viel Druck. Es ist nicht zu schaffen, und jeder weiß es. Die verstehen nämlich meistens was von ihrem Fach, diese Mitarbeiter, wenn sie lange genug dabei sind. Alles, was alle befürchten, wird also eintreten. Jene Firma wird nicht liefern, jene Leute werden nicht zur Verfügung stehen, jene Materialien werden sich als ungeeignet herausstellen.

Der Schweiß bricht aus.

Der dazugehörige, unbedingt notwendige Druck kann auf unterschiedliche Weise hergestellt und erhöht werden.

- Emotional: „Sie enttäuschen mich. Ich habe so viel von Ihnen gehalten. Und jetzt? Sie haben aufgehört, sich anzustrengen. Sie sind einfach nicht ausreichend belastbar. Dabei habe ich mich so für Sie eingesetzt. Ich habe mich aus dem Fenster gelehnt für Sie. Ich weiß, im Innersten schämen Sie sich der Zahlen, die Sie da vorlegen. Und zu Recht. Ich möchte mal wieder stolz auf Sie sein. Ich möchte Ihnen mal wieder eine Prämie auszahlen. Und Sie? Ich mache mir große Sorgen um Sie. Das lässt mich nicht kalt. Ich habe Sie ins Herz geschlossen und an Sie geglaubt. Bitte lassen Sie mich nicht im Stich. Nicht Sie auch noch!"

So ungefähr.

Diese Schiene ist besonders für emotional bedürftige Angestellte geeignet, häufig sind es ödipal strukturierte Frauen, die sich nach der Liebe des Vaters sehnen.

Ja, Sie lachen! Aber hatten Sie mal einen Vater, der auf Ihr Werben um Zuwendung und Anerkennung aus irgendwelchen Gründen überhaupt nicht oder nicht gut reagiert hat? Einen Stinkstiefel, einen maulfaulen Grantelhuber oder auch einen narzisstischen Egomanen oder einen, der nur Jungen toll findet? Das ist kein Spaß, ganz und gar nicht!

Da werden Wünsche mit ins Berufsleben genommen und auf den Chef übertragen mit seinem netten Lächeln und seinem attraktiven, grauen Bart, und diese Wünsche erleiden sodann ein schweres Schicksal, sie werden nämlich instrumentalisiert. Für den Umsatz! Emotionale Ausbeutung ist das. Kommen diese Frauen endlich dahinter, mit Ringen unter den Augen, einem fahlen Teint und mit einer Großpackung Magentabletten in der Handtasche, dann brechen Welten zusammen, so viel kann ich Ihnen versprechen. Das steckt man nicht so leicht weg. Dass man sich den Arsch für jemanden aufgerissen hat, der einen als Zitrone betrachtet, die man vortrefflich auspressen kann.

Oder diese Frauen kommen überhaupt nie dahinter, geben sich mit Krümeln von Wertschätzung zufrieden, sind froh, überhaupt ab und zu wahrgenommen zu werden, und arbeiten sich mit Verbissenheit TOT.

Na ja, jetzt übertreibe ich. Aber für einen Burnout reicht es.

Im Übrigen kann das auch Männer treffen. Auch Männer haben Väter und wollen von ihnen geliebt und anerkannt werden. Das soll zumindest vorkommen, ich habe davon gehört. Und die Väter der Jungen stellen sich oft nicht weniger dumm an und sind genauso griesgrämig, unerreichbar oder vielleicht sogar fies und gewalttätig, um den kleinen Sohn kleinzuhalten, um nicht irgendwann von ihm übertrumpft und übertroffen zu werden. Der kleine Junge wird dann, wenn er erwachsen ist, versuchen, zumindest diesen kumpelhaften, total netten Chef für sich zu gewinnen, und zwar wie? Genau, durch Leistung. Durch mehr und besondere und besonders gute Leistung. Dann kommt aber nichts. Die Hoffnung, endlich einmal gesehen zu werden, erfüllt sich nicht. Was macht der junge Angestellte? Gibt er auf? Glauben Sie wirklich? Er wird niemals aufgeben, denn ein Sohn kann gar nicht aufgeben, darum zu kämpfen, vom Vater doch noch geliebt zu werden, außer der Sohn hat 300 Stunden Psychoanalyse hinter sich.

Also Couch oder weitermachen. Die meisten entscheiden sich fürs Weitermachen. Noch mehr geben, noch intensiver arbeiten, bis zum Umfallen. Und Umfallen heißt in dem Fall eben Burnout mit totalem Absturz, totaler Resignation und der totalen Überzeugung, ein totaler Versager zu sein.

Das sind Übertragungsphänomene. Macht nichts, wenn Sie mit dem Wort nichts anzufangen wissen. Ich erkläre es Ihnen.

Exkurs: *Vater – Mutter – Kind oder das Geheimnis der Übertragung*

Dem Phänomen der Übertragung sind Sie in diesem Buch bereits in verschiedenen Varianten begegnet. Sie erkennen das Thema daran, dass Vater, Mutter oder andere wichtige Figuren aus der Ursprungsfamilie im Text aufkreuzen.

Ach, Sie glauben nicht an diesen psychoanalytischen Kram, immer soll die Kindheit an allem schuld sein und Mutti und Vati und so weiter? Dann überspringen Sie eben diesen Exkurs. Sie wollen sich halt nicht damit beschäftigen. Das sind ganz normale Abwehrprozesse und sehr nachvollziehbar. Schade für Sie, aber da kann man nichts machen.

Ich rege mich nicht mehr darüber auf.

Übertragung heißt, dass frühere Beziehungserfahrungen aus der Kindheit – zumeist unbewusst – auf aktuelle Beziehungen übertragen werden. Auf die Weise werden alte, kindliche Erlebnisweisen, Gefühle und Wünsche virulent und drängen in Begegnungen nach Erfüllung, wo sie nicht unbedingt immer etwas zu suchen haben oder Erfüllung gar nicht in Aussicht steht. Übertragung bringt häufig eine starke emotionale Dynamik in Gang, der man sich nicht entziehen kann und die für innere Turbulenzen vom Feinsten sorgt.

Eine gute Freundin von mir hatte eine Nachbarin, von der sie sich verfolgt fühlte, zum einen, weil diese Nachbarin sie tatsächlich verfolgte, zum anderen, weil meine Freundin in ihr die eigene kontrollierende, verfolgende Mutter wiederfand, der sie nun erneut auf Gedeih und Verderb ausgeliefert war. Das Ganze eskalierte mehr und mehr, ich erkannte meine Freundin gar nicht mehr wieder. Sie litt sehr unter der Situation und wurde zugleich paranoid und ihrerseits verfolgend, indem sie die verhasste Nachbarin ständig beobachtete. Ich konnte die Übertragung nach einem kurzen Gespräch mit den entscheidenden Fragen natürlich aufklären, was meiner Freundin aber leider nichts nützte. Sie zog es vor, das Feld zu räumen und umzuziehen. Schließlich hatte sie mit ihrer Mutter die Erfahrung gemacht, dass Gegenwehr sinnlos ist und dass allein Flucht den Hauch einer Chance bedeutet.

Das kann natürlich auch andersherum laufen. Möglicherweise haben Sie eine Nachbarin, die Sie regelrecht lieben, eine alte Dame, die Sie mit Kuchen und Eintöpfen versorgt und immer ein Gläschen Likör parat hat, wenn Sie mal wieder heulend vor der Tür stehen, weil Ihr Freund gemein zu Ihnen war. Sie sehen sich gemeinsam Liebesfilme aus den Fünfzigern an und hören alte Schlagerplatten. Und? Könnte es nicht sein, dass da eine positive Großmutterübertragung läuft? Macht nichts.

Entschuldigung, macht natürlich schon was. Solche Beziehungen werden wir hier noch auf den Prüfstand stellen, aber jetzt dient das Beispiel ja nur der Veranschaulichung.

Wir verfolgen ein anderes Ziel. Unser Thema ist, dass es eben nicht klappen und nicht gut ausgehen soll, und zwar speziell in unseren Arbeitsbeziehungen. Und damit sind wir endlich wieder beim Thema.

Uns interessieren Übertragungsbeziehungen im Beruf, die enttäuschend und verheerend verlaufen. Das können Vorgesetzte sein (siehe „emotionaler Druck"), die Kolleginnen und Kollegen im Team (siehe „Teamkonflikte") oder auch das ganze Unternehmen, das sich als schlechte Mutter oder schlechter Vater präsentiert.

Merke:
Wir suchen nach erschöpfenden Übertragungsbeziehungen im Job.

Enttäuschung, Missachtung, Zurückweisung, Manipulation und Funktionalisierung sind unsere Devise. Dann können Übertragungen ihre unheilvolle Wirkung entfalten, sie werden Arbeitsbeziehungen emotionalisieren und uns zu

Höchstleistungen anspornen, die nirgendwohin führen, außer vielleicht in einen Burnout.

Uns spielt in die Hände, dass solche Übertragungen meistens unbewusst sind. Sie entziehen sich unserer Kontrolle, wir müssen gar nicht viel tun. Nur nicht anfangen, etwas zu hinterfragen oder intensiver darüber nachzudenken, das darf natürlich nicht passieren. Dass Sie nachdenken. Aber darauf werde ich noch eingehen.

In einem Seminar wäre jetzt der Moment gekommen, in dem ich frage: „Haben Sie das verstanden? Ist das plausibel für Sie? Gibt es Unklarheiten, Fragen, Anmerkungen?"

Meistens traut sich niemand, etwas zu sagen. Aber ich kann in den Gesichtern lauter kleine und große Fragezeichen blinken sehen. Ich übergehe das in der Regel und fahre mit einem einfacheren Thema fort, damit sich die Teilnehmer erholen können und sich nicht länger für minderbemittelt oder mich für eine schlechte Seminarleiterin halten.

Also schauen Sie nicht so begriffsstutzig drein. Ich gebe mir hier die größte Mühe. Lassen Sie das Ganze erst einmal sacken, irgendetwas wird schon hängen bleiben. Das hoffe ich zumindest. Denn wie gesagt, Sie werden den Stoff noch brauchen.

Nun lasse ich Sie mit allzu psychologischem Zeug wieder in Ruhe, und wir kehren zurück zum Thema Druck. Denn es gibt weitere vielversprechende Varianten.

▷ Existenziell: „Das sieht nicht gut für Sie aus. Wir werden Sie nicht halten können, wenn es so weitergeht. Und Sie wissen ja, wie das ist, es spricht sich herum. Die Branche ist ein Dorf. Haben Sie nicht ein Haus gebaut? Ist da nicht Nachwuchs im Anmarsch? Tja, also da müssen Sie sich mehr engagieren. Sie kennen doch den Markt. Da wartet niemand auf Sie. Über vierzig. Da denkt man, Hartz IV, das trifft nur andere, aber das kann jeden treffen. Zunehmend die Mittelschicht, wussten Sie das? Nun ja, Sie haben jetzt diese Chance mit dem neuen Projekt. Das ist ganz hoch aufgehängt. Das ist immens wichtig. Das Überleben dieser Firma könnte davon abhängen. Falls etwas schiefgeht, ziehe ich Sie voll und ganz zur Verantwortung. Ohne Wenn und Aber. Ausreden lasse ich nicht gelten. Details interessieren mich nicht. Das zu lösen ist Ihr verdammter Job."

...

Wirkt, gell?

Die existenzielle Drohkulisse ist eine besonders gute Wahl für Menschen mit Armuts- und Verwahrlosungserfahrungen. Das mag grausam klingen, ist es ja auch. Aber wer einen Burnout erreichen will, darf nicht zimperlich sein. Und wer die Rendite vom letzten Jahr verdoppeln will, auch nicht.

Ich kenne eine Frau, die als Älteste von sieben Geschwistern mit drogenabhängigen Eltern aufgewachsen ist. Die Familie, also die anwesenden Kinder (die Eltern hielten sich nur selten zu Hause auf), lebten in einer sogenannten Wohnung, die sich im Rohbau befand, und ernährten sich von verschimmeltem Brot, ungekochten Nudeln und manchmal, wenn alles gut lief, von Haferflocken mit Zucker. Ohne Milch, versteht sich. Im Winter gefror das Wasser in der Schüssel, die zum Waschen da war, alle Kinder hatten chronische Bronchitis und keine Winterschuhe.

Aus Angst, jemals wieder Verwahrlosung und Armut zu erleben, schuftete diese Frau praktisch Tag und Nacht, sie gönnte sich keine Pause und kam freiwillig zum Dienst, wenn sie freihatte, weil ihr Chef stets rätselhafte Bemerkungen fallen ließ, dass der verdammte Laden ohnehin bald geschlossen werde und sie dann alle auf der Straße stehen würden. In ihrem Eifer vergaß diese Frau, dass sie einen Beruf gelernt hatte, der ihr immer und überall einen Arbeitsplatz garantierte. Sie war Altenpflegerin und wurde noch nicht einmal gut bezahlt. Im Gegenteil.

Hätte sie nicht schlappgemacht und auf Anraten wohlmeinender Menschen den Arbeitgeber gewechselt, wir hätten sie bald im Club begrüßen dürfen. Ein Burnout war vorprogrammiert. Schade, sie ist heute in einem anderen Unternehmen glücklich.

Das lässt sich nicht immer verhindern. Gewisse Ausfälle sind normal. Für einen Burnout muss man schon Durchhaltevermögen mitbringen, anders geht es nicht.

Und von Ihnen, liebe Arbeitgeber, will ich keine Klagen hören! Da wird nicht gejammert, wenn wieder ein guter Mann das Schiff verlässt. Nein, bitte kein Heulen und Zähneklappern, wenn die umsatzstärkste Mitarbeiterin aus den Latschen kippt und sechs Wochen Lohnfortzahlung ins Haus stehen! Wer A sagt, muss auch Burnout sagen, Ihr Unternehmen ist schließlich kein Ponyhof!

▷ Moralisch:

„Wir haben hier ein christliches Menschenbild. Wir LEBEN Nächstenliebe. Wir sind anders als die anderen, uns geht es nicht um Rendite. Uns geht es um das gute Werk an unseren Anvertrauten. Unser Lohn ist die Liebe Gottes. Jesus ist für uns GESTORBEN. Am Kreuz! Er hat für Sie gelitten, für Sie ganz persönlich! Und Sie kommen mir mit Urlaubstagen und Feierabend? Aber so ist unsere Spaßgesellschaft. Da gehen jegliche Werte verloren. Da sind uns anvertraute Menschen weniger wert als Kino am Feierabend und Skifahren am Wochenende. Da ist wohl kein Platz mehr für ein bisschen mehr Zeit, ein Lächeln, ein nettes Wort.

Und wissen Sie, auch von Ihrer Arbeit hängen hier eine Menge Arbeitsplätze ab. Das sind Familien, das sind Schicksale!

Und wie fühlt es sich eigentlich an, das Ergebnis der ganzen Gruppe zu senken? Wenn alle für Sie büßen müssen? Das scheint Ihnen nichts auszumachen."

Und so weiter und so weiter. Man muss schon Nerven wie Drahtseile haben, um unter diesen Umständen nicht das große Flattern zu bekommen. Man fängt an zu vibrieren. Das ist gut. Das treibt an. Das strengt an. Das laugt aus.

Die Saat solcher Botschaften geht vor allem in jenen Menschen auf, die zu Schuldgefühlen neigen (das hatten wir schon) und ein ausgeprägtes, strafendes, rigides Über-Ich mit sich herumtragen. Das Über-Ich ist sozusagen unser innerer Gerichtssaal. Dort ist ziemlich genau festgelegt, was gut und böse, anständig und unanständig, unverzeihlich und entschuldbar ist.

Die Richterbank kann sehr unterschiedlich besetzt sein. Bei manchen Menschen ist sie leer. Kein Richter, kein Henker, niemand. Man sagt, diese Menschen hätten kein Gewissen. Stimmt. Im Extremfall handelt es sich um Psychopathen.

Andere wiederum haben sehr nette Leute auf der Richterbank sitzen, die jeden Fall genau abwägen, lieber jemanden freisprechen oder albern geringfügige Strafen verhängen und sich ansonsten einen lässigen Tag mit einem Drink und einer harmlosen Plauderei machen.

Mit so einem Über-Ich ist Ihr Mitarbeiter für moralischen Druck so gut wie taub. Damit erreichen Sie ihn nicht, liebe Vorgesetzte, da müssen Sie sich was anderes einfallen lassen (versuchen Sie es mal auf der existenziellen Schiene).

Andere Menschen hingegen haben auf der Richterbank unangenehme, zwanghafte Typen sitzen, die es ganz genau nehmen und die Angeklagten genüsslich zu lebenslangen Schuldgefühlen verurteilen, auch bei nichtigen Vergehen. Gouvernanten sitzen ihnen bei mit chronisch hochgezogenen Augenbrauen und vollkommen humorlose Moralapostel mit stets erhobenem Zeigefinger. So eine Über-Ich-Besetzung ist fantastisch geeignet, um jemanden bei seinem schlechten Gewissen zu packen. Chefs erkennen solche Mitarbeiter an den ständigen Rechtfertigungen – ganze Romane werden vorgebracht – und an permanenten Entschuldigungen für Tatbestände, die sie gar nicht zu verantworten haben. Diese Leute sind immer in der Defensive und vielversprechende Kandidaten und Kandidatinnen für ein kleines firmeninternes Burnout-Programm.

Und, liebe Leserinnen und Leser, haben Sie sich wiedererkannt? Oder Ihre Vorgesetzten? Ihre Firma, Ihre Behörde, Ihre Schule, Ihr Krankenhaus? Überforderung und Druck in jeder erdenklichen Form?

Fein.

Trotzdem, Sie haben es noch viel zu gut.

Von mir haben Sie kein Mitleid zu erwarten.

Ich sage nur: Callcenter.

Die Mitarbeiter haben dort in einer Schicht etwa 120 Telefonkontakte, zum Beispiel auf einer Beschwerde-Hotline. Die Zeit, die sie für jedes Gespräch benötigen, wird akribisch gestoppt (möglichst kurz beim kostenlosen Anbieter, möglichst lange in der kostenpflichtigen Hotline). Ebenso die Zeit zwischen den Gesprächen (also welche Päuschen man sich gönnt). Und ab und zu hört jemand mit, ohne dass man das weiß, um die Effektivität, Wortwahl, Freundlichkeit, Fehler und so weiter zu bewerten. Eine schlechte Einstufung führt zu einer Absenkung des Stundensatzes.

DIESE Menschen verdienen Mitleid, SIE nicht.

Verstehen Sie mich? Praktisch jeder Mensch kann an den Rand der Erschöpfung und letztlich des Wahnsinns gebracht werden, wenn die Voraussetzungen stimmen und alle ein bisschen zusammen helfen.

2. ANERKENNUNG? AUF KEINEN FALL. WERTSCHÄTZUNG? NIEMALS.

Vorgesetzte sollten grundsätzlich sehr sparsam mit Lob umgehen, das ist meine Meinung. Ich wurde einmal in eine Dialysepraxis eingeladen, um dort eine Fortbildung für das Behandlungsteam zu halten (an sich schon eine schlechte Idee). Und stellen Sie sich vor, ich wollte gerade beginnen, da steht der leitende Arzt auf und möchte vorab noch etwas sagen. Er stellt sich vor sein Team hin und berichtet, der Erfolg in Zahlen sei sehr erfreulich gewesen im letzten Halbjahr. Und das sei das Verdienst aller, jeder Einzelne habe mitgewirkt. Er bedankt sich ausdrücklich bei seinen Mitarbeiterinnen und Mitarbeitern! Und setzt noch einen drauf: Jedes Teammitglied erhalte 700 Euro Prämie. Einfach so!

Natürlich große Freude und Dankbarkeit.

Ich war fassungslos.

Ja, wo sind wir denn hier? Im Streichelzoo oder an einem Arbeitsplatz? Geht's noch?

Und wie sieht's bei Ihnen aus? Macht Ihr Chef das auch so? Prost Mahlzeit. Kein Wunder, dass Sie fröhlich zur Arbeit spazieren und sich *gut* dabei fühlen.

Ich mache mit den Händen gerade diese Anführungszeichen. Hat Ihnen noch niemand gesagt, dass Ihre gute Laune manchmal ziemlich auf die Nerven geht?

Ach, Ihr Chef ist ganz anders? Na, Gott sei Dank. Dann ist ja noch etwas zu retten. Sie bekommen nur Bescheid gesagt, wenn etwas NICHT so prima gelaufen ist? Wenn Sie es NICHT richtig gemacht oder sogar vergeigt haben? Alles andere ist selbstverständlich und geht gerade noch so durch, schließlich bekommen Sie einen Haufen Geld für Ihre Arbeit, und das wäre ja noch schöner?

Jetzt bin ich beruhigt. So werden wir Freunde.

Ich empfehle Vorgesetzten zum Thema Anerkennung nur einige hölzerne Worte auf der Weihnachtsfeier. Das muss so ein bisschen herausgeschraubt und künstlich wirken und ganz allgemeiner Natur sein. Oder gerne auch vollkommen übertrieben, sodass jeder gleich merkt, der Chef hat so einen Kurs „Kommunikation für Führungskräfte" besucht und außerdem einen sitzen. Die Mitarbeiter werden abwinken und sich umso heftiger betrinken, weil es anders gar nicht auszuhalten ist.

Insgesamt nicht gerade brillant, aber wirkungsvoll. Die höhere Kunst sieht natürlich anders aus. Wesentlich perfider und auch erfolgreicher sind offen und öffentlich vorgetragene Missachtung und Geringschätzung.

Ein Beispiel: Den Angestellten in einer Behörde wurde in jeder größeren Besprechung in Anwesenheit aller Beamten und Abteilungsleiter unmissverständlich mitgeteilt, dass sie a) zu teuer, b) zu alt und c) zu viele seien. Es wurde vorgerechnet, dass es einen Personalüberhang gebe und wie viele Personen genau überflüssig seien. Das Alter der

Beschäftigten sei ein Problem wegen des hohen Krankenstandes und der Kuraufenthalte und vor allem, weil ältere Angestellte nun einmal teurer seien wegen dieser beschissenen alten Verträge.

Köstlich, nicht wahr? Alle Anwesenden fragten sich doch von nun an jeden Tag: Bin ich das? Die überflüssige Person? Die zu alt und zu teuer ist?

Herrlich!

Alle hatten zu diesem Zeitpunkt unzählige Überstunden, weil es Langzeitkranke, Schwangere mit Arbeitsverbot und Frauen in Elternzeit gab, die ja alle real gar nicht da waren. Aber rechnerisch waren sie da! Sie waren da!

So sieht jedenfalls professionelle Entwertung und Herabsetzung aus. Ich schmunzelte als Unbeteiligte in mich hinein und dachte: brav, brav. So lässt sich arbeiten. So wird ein Schuh draus.

Noch ein Beispiel: Ein Vertriebsprofi erzählte mir, er habe sechs Monate lang an einem gigantischen Deal mit einem wichtigen Kunden in Japan gearbeitet. Es sei ein irrer (!) Vertrauensbeweis gewesen, dass sein Chef ihn da rangelassen habe. Aber die Sache sei ihm über den Kopf gewachsen. Er habe Tag und Nacht gearbeitet und erreichbar sein müssen. Wegen der verschiedenen Zeitzonen habe er häufig Telefonkonferenzen um vier Uhr nachts abgehalten. Er habe praktisch gar nicht mehr geschlafen. Am Tag habe er 200 E-Mails beantwortet, zugleich das Telefon zwischen Kopf und Schulter eingeklemmt, später habe er ein Headset bekommen, aus ergonomischen Gründen.

Dann sei seine Freundin ausgezogen mit der Begründung, sie wolle ihm nicht weiter im Weg stehen, er liebe schließlich eine andere. Nämlich seine Firma.

Seine Freunde wüssten nicht mehr, wie er aussehe, und würden ihn für ein karrieregeiles Arschloch halten.

Seine Fußballmanschaft habe ihn quasi hinausgeworfen, weil er zum wichtigsten Spiel in dem einen Turnier, das nur alle drei Jahre stattfinde, einfach nicht erschienen sei.

Seine Mutter sei an Krebs operiert worden, und er habe sie nicht EIN MAL im Krankenhaus besucht. Seitdem würden sein Vater und sein Bruder nur der Mutter zuliebe noch ein paar Worte mit ihm wechseln.

Der Deal klappte. Der Chef schickte dem erfolgreichen Vertriebsprofi eine E-Mail mit folgendem Inhalt: „Great Job."

Alle Achtung. Elegant gelöst. Ich möchte meinen Respekt zum Ausdruck bringen, wirklich.

Das ist eine Form der Anerkennung, die vollkommen wirkungslos bleibt. Im Gegenteil, der Leser dieser Mail wird sich sogar denken: Das ist gar keine Anerkennung, das ist der blanke Hohn!

So muss es sein. Ich bin absolut zufrieden. Jener Vertriebsprofi sollte uns ein Beispiel sein. Allerdings muss ich zugeben, dass er später auf die schiefe Bahn geriet. Das kann nicht alles sein, sagte er sich eines Tages. Und fristet mittlerweile ein trauriges Dasein in einem asiatischen Land. Dort lebt er vom Ersparten, liegt am Strand mit einem Drink in der Hand, man mag es sich gar nicht vorstellen, schlimm, wie tief man sinken kann.

Also passen Sie auf, meine Lieben, seien Sie wachsam! Überall lauern Ablenkungen, überall bieten sich naheliegende Auswege an. Fallen Sie nicht darauf herein. Es lohnt sich nicht.

Wann haben Sie zuletzt Ihre Mails gecheckt?

Sehen Sie lieber mal nach.

Es könnte wichtig sein.

Es ist schon spät? Wie spät? Null Uhr achtundzwanzig? Das ist nicht spät, das ist früh. In Sydney zum Beispiel. Da hat jemand gerade ein Gegenangebot gemacht, SIE NULLNUMMER!

Und jetzt konzentrieren Sie sich gefälligst wieder, hallo, wir ARBEITEN hier. Wir waren beim Thema „Wertschätzung". Ich mache wieder mit den Fingern diese Anführungszeichen und bringe dadurch Ironie und Häme zum Ausdruck. Ihnen muss man ja alles erklären.

Die meisten Menschen tragen ein schreckliches Defizit an echter Anerkennung und Wertschätzung mit sich herum. Klingt lustig, ist aber so. Danke, liebe Eltern, danke, liebe Lehrer, danke, liebe Ausbilder und Vorgesetzte!!! (Haben Sie es gemerkt? Schon sind wir wieder beim Thema Übertragung. Tja, das fehlt jetzt natürlich denen, die den Exkurs ausgelassen haben. Also mal schnell zurückblättern und das Versäumte nachholen, würde ich vorschlagen.)

Entsprechend bedürftig sind Menschen mit diesem Defizit. Sie lechzen nach Anerkennung und Zuwendung.

Das muss der doch sehen, wie ich mir für ihn ein Bein ausreiße!

Wie Hunde sitzen sie vor ihren Chefs und kriegen natürlich: NICHTS. Und haben entsprechend auch selbst nichts, rein gar nichts zu verschenken. Loben. Sie kennen es nicht und können es nicht.

Aber Vorsicht! In manchen Unternehmen bildet sich über Jahre eine regelrechte Kultur der Wertschätzung heraus. Das ist eine Haltung, die kann gar nicht antrainiert werden, die ist tief im Herzen eines Unternehmens verankert und nicht leicht auszumerzen. Man spürt sie jeden Tag von ganz oben bis ganz unten. Diese Arbeitgeber gehen davon aus, dass die Mitarbeiter tatsächlich ein wichtiges, sensibles und gut zu behandelndes KAPITAL sind und dass dieses Kapital aus Menschen besteht, die menschliche Bedürfnisse haben und ihre menschliche Würde behalten wollen.

Nun ja. Jeder kann machen, was er will. Die werden schon sehen, was sie davon haben. So zahlreich werden diese Arbeitgeber nicht sein, dass man ihnen nicht aus dem Weg gehen könnte. Vielleicht gibt es solche Unternehmen auch gar nicht. Vielleicht sind sie nur ein Hirngespinst von jemandem, der Karl Marx nicht gelesen hat. Ich weiß es nicht. Vereinzelt soll das vorkommen.

Aber Sie, Sie sollten sich solchen Zuständen keinesfalls aussetzen. Sie sollten sich mit dem Durchschnitt zufriedengeben, und dieser Durchschnitt geht mit Anerkennung und Wertschätzung dilettantisch um.

Zum Glück, oder? Wir haben ein Ziel. Nicht vergessen. Schön fokussieren. Dann brauchen Sie keine Wertschätzung mehr. Dann sind Sie frei!

3. TEAMKONFLIKTE – MIT DER STREITAXT ZUM ERFOLG

Ich halte viel von Teamkonflikten.

Hatten Sie schon mal welche?

Wunderbar, nicht wahr?

Ich weiß, ich habe in Kapitel III noch empfohlen, Konflikte zu vermeiden. Und jetzt behaupte ich frech das Gegenteil.

Es geht mir um Konflikte unter Kollegen, die aufeinander angewiesen sind und sich nicht aus dem Weg gehen können.

Und damit meine ich nicht die alltäglichen Reibereien, weil mal wieder jemand seine Tasse nicht in die Spülmaschine geräumt hat oder weil Herr Meyer sowieso nicht mit dem Herrn Müller kann.

Ich meine richtig kriegerische, bösartige Teamkonflikte, die sich über Monate hinweg entwickeln, sich quasi einnisten in einer Gemeinschaft und einfach nicht mehr aufhören, nie mehr. Entweder schwelen sie im Untergrund und entfalten von dort ihre vielversprechende, wunderbar destruktive Wirkung, oder aber sie treten offen und brutal zutage ohne Rücksicht auf Verluste.

Es wird nicht mehr gegrüßt, nicht mehr gelacht. In Besprechungen darf niemand mehr zu Ende reden. Und wenn, dann wird mit den Augen gerollt und hämisch gelacht. Jeder trägt ein offenes Messer in der Hosentasche. Man beäugt sich misstrauisch und freut sich still und schadenfroh über kleine und noch mehr über große Fehler der Gegner, von denen man irgendwann nicht einmal mehr weiß, was sie eigentlich zu Gegnern gemacht hat. Es wird gelästert, und das ist nicht der Tratsch in den Teeküchen, ohne den es oft überhaupt keinen Grund mehr gäbe, zur Arbeit zu gehen (Lästern ist ja eine sehr menschliche und vor allem unheimlich lustvolle Beschäftigung). Nein, die höhere Kunst ist das erbarmungslose, verächtliche und ungebremst aggressive Übereinanderherziehen. Die Schwächen einer jeden, eines jeden sind dran, da findet sich immer etwas im unzulänglichen, unvollkommenen anderen, und wenn es seine Art zu essen ist oder wie er da herumsteht oder diese blöde Geste, wenn er nervös wird. Das lässt sich nachäffen, da laufen die Laienschauspieler zu Höchstform auf, und das Gelächter und Gegacker ist natürlich über den Flur zu hören, bis ins Büro gegenüber, und derjenige weiß dann schon, dass er nicht mitlachen wird und dass die Gespräche verstummen, wenn er den Raum betritt.

Vielleicht wird er sich rächen. Jedem passiert mal was. Jeder lässt sich mal was zuschulden kommen. Das wird dann nebenbei fallen gelassen, wenn der Chef zufällig auch dabei ist, und der wird dann ganz hellhörig.

Drohungen werden ausgesprochen. Gegendrohungen.

Man ist ab jetzt immer im Recht. Die anderen haben angefangen und nicht aufgehört. Sie zwingen einen dazu, ein Arschloch zu sein.

Bevorzugt trifft man sich beim Rauchen, oder man sitzt in der Kantine zusammen, am besten geht man abends noch ein Bier trinken, und das kriegt auch jeder mit, aber nicht jeder wird gefragt. Strichlisten werden geführt. Zu spät gekommen. Die E-Mail nicht beantwortet. Die Medikamente für Zimmer drei 17 Minuten zu früh verabreicht, dann Kaffee getrunken.

Die Betroffenen in Teamkonflikten werden nicht mehr schlafen, sondern sehr viel grübeln, nachts um vier, wenn es still ist und Sie mit niemandem sprechen können.

Warum hat er das zu mir gesagt? Denken die anderen das auch? Bin ich wirklich egoistisch, nicht teamfähig und außerdem zu langsam und zu nachlässig? Sägen sie schon an meinem Stuhl?

Das Gute ist, dass die Beteiligten in Teamkonflikten es persönlich nehmen MÜSSEN. Patienten, Kunden, Schüler, da kann man sich das noch einreden: Die meinen ja gar nicht mich, die haben halt ein Problem, da kriege ich ja schließlich mein Schmerzensgeld dafür, mein Gehalt.

Aber wenn Ihr Kollege der Überzeugung ist, dass Sie eine blöde Kuh sind, dämlich, unfähig und menschlich das Letzte, dann werden Sie das PERSÖNLICH nehmen, Sie können gar nicht anders. Sie werden sich ärgern, gekränkt sein oder Angst bekommen oder alles auf einmal. Und trotzdem müssen Sie jeden Tag wieder da hin, jeden Tag.

Es gibt kein Entrinnen.

Das ist der Wahnsinn!

Ich lehne mich zurück, verschränke die Arme und lächle wissend. Erinnern Sie sich an unsere Kurve von Anspannung und Entspannung? Wir haben bereits darüber gesprochen.

Also bitte! Wenn gar nichts hängen bleibt, macht mir das hier auch keinen Spaß mehr. Dann lesen Sie bitte das Theorie-Kapitel noch einmal.

…

Wieder up to date, ja?

Machen wir weiter, hilft ja nichts.

Teamkonflikte verhindern sehr zuverlässig den Abschwung in die Regeneration. Die Konfliktbeteiligten und sogar Außenstehende kommen nicht mehr zur Ruhe. Teamkonflikte zermürben. Man entdeckt Seiten an sich, die man nicht kannte. Das eigene Selbstbild gerät ins Wanken, alte Selbstzweifel bekommen Hochkonjunktur. Es muss was passieren.

Ich stand oft genug in einem Teamcoaching vor einem zerstrittenen Haufen sich zerfleischender Kollegen und dachte bei mir: Macht ruhig weiter so, ihr werdet schon sehen.

In jedem Team gibt es einen Kanarienvogel. Das ist der Vogel, den die Bergarbeiter früher mit in die Gruben genommen haben. Er fiel von der Stange, wenn die Gaskonzentration gefährlich anstieg. Der Kanarienvogel eines Teams wird als Erster schlappmachen und sich uns anschließen. Willkommen im Burnout-Club! Der Hausarzt, vor dem er weinend zusammengebrochen ist, wird verständnisvoll nicken und sagen: „Tja, ich glaube, Sie sind ein bisschen ausgebrannt, ich schreibe Sie jetzt mal eine Woche krank." Und aus der Woche werden dann viele Monate, bis der Kanarienvogel wieder zwitschert und sich fragt, wie er in diesem Haifischbecken überhaupt hatte überleben können. Als kleiner Piepmatz.

Sie werden einwenden, dass Teamkonflikte doch eine Sache der Teams, also der Mitarbeiter selber sind und nicht ein Verdienst des Unternehmens.

Oh doch.

Vorgesetzte können viel zu Konflikten beitragen. Zum Beispiel durch Ungerechtigkeit. Offensichtliche Bevorzugung oder Benachteiligung wirken wahre Wunder. Eine Krankenschwester sagte einmal zu mir: „Bei uns gibt es die Elite und das Volk." Die Elite bekommt die besseren Dienste, die einfacheren Patientenzimmer, weniger Zusatzaufgaben und öffentliches Lob. Das Volk springt ein, macht Überstunden und wird im Zweifelsfall immer gefragt und immer herangezogen. Die Urlaubswünsche des Volkes finden keine Berücksichtigung, niemand darf eine Fortbildung machen, niemand steigt auf, niemand wird gesehen.

Auch Führungskräfte, die nicht führen, leisten Teamkonflikten Vorschub. Es werden keine Entscheidungen mehr getroffen, niemand gibt eine Richtung vor. Das führt zu Rangkämpfen, zu dauernden Scharmützeln, da kann man zuschauen wie in einer römischen Arena, täglich wird gestritten, wer denn nun das Sagen hat und wo es langgeht. Denn irgendwie muss es ja weitergehen, man kann ja den Betrieb nicht vollständig einstellen, irgendeine Richtung MUSS es geben.

Teamkonflikte sind eine Führungsaufgabe. Nehmen Führungskräfte diese Aufgabe nicht wahr, lassen sie alles schleifen mit der Parole „MACHEN SIE DAS GEFÄLLIGST UNTER SICH AUS!“, dann spielen sie uns in die Karten. Irgendjemand wird von der Stange fallen.

Und bitte keine ernsthaften Gespräche mit den Konfliktparteien, keine Ursachenforschung, kein Teamcoaching! Das hält doch nur auf. Sollen sich die Mitarbeiter doch zerfleischen, schließlich haben die ja auch nichts Besseres zu tun. Die Leistungskurve, die Arbeitsergebnisse, die Effektivität, das geht alles rasant den Bach hinunter, wenn Teamkonflikte eskalieren, aber wen kümmert das? Ich finde, ein gesundes Unternehmen kann es sich leisten, dass die Mitarbeiter ihre Energie in Kriegen untereinander verpulvern anstatt mit der Bewältigung ihrer Arbeitsaufgaben. Oder?

Es reicht, wenn Vorgesetzte bei schweren Konflikten nicht intervenieren. Kein offenes Ohr haben, kein Machtwort sprechen, niemanden schützen, niemanden zurückpfeifen, keine Hilfe von außen holen (das wäre ja noch schöner, das wäre ja ein Zeichen von Schwäche!).

Chefs sollten sich einfach nicht für die Klagen aus dem Team interessieren. Mehr verlange ich gar nicht. Dann wird das schon irgendwie laufen und sich verschärfen und den einen oder anderen wertvollen Mitarbeiter ausknocken.

Das ist die eine Seite der Medaille. Die Seite des Unternehmens.

Aber was können Sie, meine lieben, engagierten Burnout-Kandidatinnen und -Kandidaten, Sinnvolles beitragen? Wenn Sie sich nicht einfach zurücklehnen und der Unfähigkeit Ihrer Vorgesetzten überlassen wollen?

Nun ja, Sie haben immer die Wahl. Sie können sich entscheiden. Krieg oder Frieden? Freundlich sein, lächeln, etwas nachsehen und jeden akzeptieren, wie er ist? Oder lieber kleinlich sein, schlecht gelaunt, pampig und nachtragend? Sie können Öl ins Feuer gießen, sticheln, lästern und jeden Fehler, jede Schwäche an die große Glocke hängen. Pumpen Sie sich bei Kleinigkeiten innerlich auf, holen Sie

Luft, laufen Sie rot an und hämmern Sie Ihren Ärger dann ungebremst und am besten auch ungerecht ins Team hinein, sodass kein Gras mehr wächst. Und bitte, jetzt nicht mehr unterscheiden! Alles über einen Kamm scheren! Da mag es Gründe für Ihren Ärger geben, da mag es hie und da sinnvoll sein, dem Ärger Luft zu machen, Grenzen zu setzen und sich zu wehren. Das sind Peanuts. Wir wollen doch hier für relevante Teamkonflikte sorgen, die Ihnen weiterhelfen auf Ihrem Weg in den Burnout. Und da sollten Sie jetzt eben nicht mehr so differenzieren, sondern einfach draufhauen. Jemand wehrt sich? Es formieren sich Grüppchen für Sie und gegen Sie? Toll! Sie haben es bald geschafft. Nur jetzt nicht lockerlassen und nicht mehr grüßen, nicht mehr lachen. Sollte einer Ihrer Kollegen noch einen Grund zu lachen haben, blaffen Sie ihn an: „Deine gute Laune kotzt mich an!"

Ich möchte kurz auf das Phänomen der Übertragung zurückkommen. Erinnern Sie sich? Das Team eignet sich besonders für Geschwisterübertragungen. Da sehe ich einige zusätzliche Chancen.

Wenn Sie zum Beispiel in Ihrer Ursprungsfamilie das älteste von drei Geschwistern waren, mussten Sie sich mit hoher Wahrscheinlichkeit immer um die Jüngeren kümmern. Sie haben Verantwortung, Überforderung, Liebe zu den süßen Kleinen, aber auch Hass, Neid und Eifersucht kennengelernt.

In der Übertragung können diese Gefühle eine Wiederholung finden. Das emotionalisiert das Beziehungsgeschehen im Team enorm, macht alles sehr wichtig und eben auch sehr belastend, wenn es zu Konflikten und Feindschaften kommt. Sie werden Verantwortung übernehmen und sich beteiligt fühlen, ob Sie es wollen oder nicht, und Verantwortung und emotionale Beteiligung sind gut für Burnout, so viel steht fest.

Natürlich kann es in Teams auch zu positiven Übertragungen kommen, aber das darf uns nicht passieren. Das richtet nur Unheil an. Wir gehen davon aus, dass sich schlechte anstatt gute Erfahrungen wiederholen und dass wir dazu proaktiv beitragen können.

Was ist eigentlich der Unterschied zwischen aktiv und proaktiv? Kann mir das mal jemand erklären?

Ich glaube, es handelt sich um eine waschechte Worthülse, bin mir aber nicht ganz sicher.

Na ja, egal.

Ich hoffe, Sie haben das Prinzip Teamkonflikte verstanden. Sich hinter die Ohren geschrieben. Jetzt muss es nur noch ins Langzeitgedächtnis.

Und lesen Sie bitte im Kapitel VI alles zum Thema Neid und Gefühle zeigen. Das wird Sie weiterbringen.

4. TIPPS AUS DEM GIFTSCHRANK DER PERSONALABTEILUNG

Ich kenne einen Projektmanager in einem international aufgestellten Großunternehmen, nennen wir ihn Herrn Meyer. Ein sehr kluger, gebildeter, engagierter, außerdem gut aussehender Mann (Entschuldigung, das spielt jetzt wirklich keine Rolle ...). Der arme Mann wurde von seinem Chefchef drangsaliert. Wirklich, es war nicht zum Aushalten. Das komplette Mobbing-Programm wie: Dateien und Mails verschwinden lassen, Termine nicht weitergeben, Informationen vorenthalten und diesen klugen, gut aussehenden Mann in Meetings beleidigen und brüskieren.

Herr Meyer wurde angeschrien, öffentlich als Vollidiot bloßgestellt, und ständig musste er nachweisen, was er so arbeitete, als wäre er ein Siebenjähriger, der seine Hausaufgaben nicht macht. Es war furchtbar. Alle Versuche, mit dem Chefchef ins Gespräch zu kommen, waren gescheitert.

Herr Meyer wandte sich daraufhin nach zahllosen schlaflosen Nächten und verzweifelten Gesprächen mit Kollegen und im Freundeskreis und sogar nach Rücksprache mit dem nächsten Vorgesetzten an die zuständige „Vertrauensperson" in der HR (Abteilung Human Resources).

Das Gespräch verlief vielversprechend. Man sagte ihm, die Führungsprobleme des Chefchefs seien bekannt. Andere seien auch schon zur „Vertrauensperson" gekommen.

Es habe Kündigungen von guten Leuten gegeben, die es nicht mehr ausgehalten hätten. Herr Meyer könne sich sicher sein, man habe das im Auge und werde eine Lösung finden.

So weit, so gut. Das ist alles noch im Normalbereich, das kommt dauernd irgendwo vor. Deswegen gibt es ja die zuständigen Vertrauenspersonen in der HR, damit gute Leute nicht kündigen oder mit einem Burnout monatelang ausfallen, während unfähige Chefchefs fröhlich weiter den Erfolg des Unternehmens gefährden.

Aber die Geschichte geht noch weiter.

Herr Meyer wurde am nächsten Tag ins Büro des Chefchefs gerufen und bekam einen Einlauf, den er in seinem Leben nicht vergessen wird. Zur „Vertrauensperson" in der HR zu gehen sei ja wohl das Allerletzte. Ein Vertrauensbruch, der nicht wiedergutzumachen sei. Dass er, der Herr Meyer, ihm, dem Chefchef, so in den Rücken falle, das sei ein weiterer Beweis für seine, Herrn Meyers, Charakterlosigkeit und Untauglichkeit. Er, Herr Meyer, könne sich darauf gefasst machen, dass sein gemütliches Leben endgültig der Vergangenheit angehöre. Er, der Chefchef, werde jeden seiner, Herrn Meyers, Schritte kontrollieren und ihm das Leben zur Hölle machen, darauf könne er, Herr Meyer, sich einstellen. Er, Herr Meyer, habe wohl gedacht, dass die „Vertrauensperson" dichthalte, aber die *Vertrauensperson* sei vor allem seine, des Chefchefs, Person des Vertrauens.

…

Stark, oder? Fantastisch!

Das nenne ich wirksame Personalarbeit!

Ich lasse das einfach mal so stehen.

Und habe noch ein Beispiel auf Lager.

Eine Chemielaborantin arbeitete im Labor eines universitären Lehrstuhls. Lauter Reagenzgläser, Blubberbehälter, chemische Substanzen und so weiter. Das Labor befand sich im Keller des Hauses und wurde nur von Mitarbeitern betreten, die dort auch etwas zu tun hatten. Niemand kam zufällig vorbei oder herein. Diesen Umstand machte sich der Lehrstuhlinhaber, nennen wir ihn hier einfach den Professor, zunutze. Kurz bevor alle anderen Mitarbeiter in den Feierabend verschwanden, trug er unserer Chemielaborantin eine Arbeit auf, die unbedingt noch an diesem Tag zu verrichten sei.

Wenig später, der Professor allein mit seiner Chemielaborantin im Kellerlabor, interessierte er sich sehr eingehend für ihre Tätigkeit. Erst stand er hinter ihr und sah ihr über die Schulter, dann war seine Hand an ihrem Hintern, dann wanzte er sich mit seinem ganzen Körper an sie heran, ihre Flucht- und zaghaften Abwehrbewegungen ignorierend. Er rieb sich ein wenig an ihr, dann umschloss er stürmisch mit beiden Händen ihre Brüste. Die Chemielaborantin sagte, sie habe einen Freund und wolle das nicht.

Gut, keine ideale Willensbekundung, wie man sie in Selbstverteidigungskursen lernen würde, aber immerhin.

Der Professor fasste die Äußerung jedoch zu seinen Gunsten und so auf, dass die Chemielaborantin durchaus sexuelles Interesse an ihm habe, aber wegen des Freundes an sich halte und sich so in einem inneren Konflikt befinde. Von seiner Verführungskraft überzeugt, verstärkte der Professor seine Bemühungen.

Das Ganze ging über etliche Abende, die Chemielaborantin sah mit der Zeit immer schlechter aus. Sie magerte ab. Sie wurde krank und blieb zu Hause.

Und dann muss etwas passiert sein, sie muss mit irgendjemandem gesprochen haben, denn sie ging zum Personalrat und zeigte das ungebührliche Verhalten des Professors als sexuelle Belästigung am Arbeitsplatz an.

Das schlug Wellen! Da war ruck, zuck die ganze Fakultät plus Frauenbeauftragter und Hastenichtgesehen auf den Beinen!

Langer Rede kurzer Sinn: Der Professor war erst vor Kurzem an die Universität geholt worden, weil er ein Spezialist für einen bestimmten Werkstoff war und als solcher Drittmittel in Hülle und Fülle einheimsen konnte. Ein Mann, so angesehen und unersetzlich wie … wie der Papst oder so!

Man legte der Chemielaborantin in einem Sechsaugengespräch, zwei von der Chemielaborantin, zwei vom Dekan, zwei vom Professor, nahe, ihre haltlosen Anschuldigungen fallen zu lassen und den Ruf der Fakultät und der ganzen Universität nicht weiter zu gefährden. Sie könne mit der Wucht sämtlicher Rechtsabteilungen und Rechtsmittel rechnen, und das wolle sie doch nicht, sie habe doch nur etwas missverstanden.

Der Inhalt des Gespräches war hingegen nicht misszuverstehen.

Die arme Chemielaborantin ging nach Hause, weinte viel und lange und sah sich nach einer neuen Stelle um. Tja, das klappte leider nicht gleich. Sie wirkte angeschlagen, und sie war Anfang dreißig und weiblich. Wer will eine kleine Chemielaborantin ohne Selbstbewusstsein einstellen, die Kinder kriegen kann?

Was soll ich sagen, ihr Zustand war erbärmlich.

Manches ist für Unternehmen, die engagierte Leistungsträger in den Burnout treiben wollen, eben lächerlich einfach.

Oft gilt es, bestimmte Dinge schlicht zu unterlassen.

Dazu gehören übrigens jegliche sinnlose Personalentwicklungsmaßnahmen, wie sie in sogenannten „Führungsseminaren" manchmal gelehrt werden.

Also, sehr verehrte Chefchefs: Führen Sie keine Mitarbeitergespräche durch, und wenn doch, sollten sie Verhörcharakter haben. Sprechen Sie am besten gar nicht mit Ihren Leuten. Haben Sie Ihr Ohr lieber am Puls der Controlling-Abteilung. Genehmigen Sie niemals Fortbildungen, hören Sie? NIEMALS. Fortbildungen sind teuer, halten die Leute von der Arbeit ab und setzen ihnen alle möglichen Flöhe ins Ohr.

Seien Sie absolut taub für Wünsche Ihrer Mitarbeiter,

sich zu verändern oder zu entwickeln. Signale, dass irgendwer bald nicht mehr kann, lassen Sie vollkommen kalt. Denn keine Panik, an der nächsten Ecke wartet schon der nächste junge, toll ausgebildete IT-Spezialist, der gut mit Kunden umgehen kann und einen Blick für Strategien und Zusammenhänge hat! Oder auch die Fachärztin, die medizinisch, organisatorisch und im Kontakt zu den Patienten das absolute Ass ist!

Hören Sie weder auf Betriebsärzte, Betriebsräte, Schwerbehinderten- oder Frauenbeauftragte noch auf Psychologen, Coaches oder Supervisoren. Hören Sie nicht einmal auf Ihre Frau. Außenstehende mit Expertenwissen, Erfahrung und guten Ratschlägen sind absolut unerwünscht. Außer es sind vielleicht die Kinseys (Mitarbeiter einer weltberühmten Unternehmensberatung). Die treten Ihnen zum Thema Burnout nämlich in den Arsch!

Ich möchte dieses Kapitel mit einem interessanten Exkurs abschließen. Denn auch die furchtbarsten Zustände im Unternehmen werden wirkungslos bleiben, wenn Sie sich weiterhin als freier Mensch und von Ihrem Arbeitgeber unabhängig fühlen. Sie könnten auf die Idee kommen, die furchtbaren Zustände zu verlassen und den Arbeitsplatz zu wechseln!

Lassen Sie uns darüber nachdenken, wie das verhindert werden kann. Ich habe nämlich noch etwas für Sie. Und ich garantiere Ihnen, damit machen Sie den Sack zu.

Exkurs: *Stellschraube Abhängigkeit – Chance Verschuldung*

Nur wer vollständig ausgeliefert ist, wird sich fügen, ohne heimliche Strategien zu entwickeln, miesen Arbeitsbedingungen zu entkommen oder sie irgendwie zu unterlaufen. Ich rate deshalb zu einer Erhöhung der Abhängigkeit. Das geht auf natürlichem Wege zum Beispiel über das Lebensalter. Ganz einfach, wer über 55 Jahre alt ist, hat kaum Chancen auf eine Neuanstellung und befindet sich nach dem Verlust des Arbeitsplatzes im Sinkflug Richtung Hartz IV. Die Rente ist noch nicht in Sicht, für die Erwerbsunfähigkeit ist man zu gesund, und die Schäfchen, studierende Kinder oder pflegebedürftige Eltern, hat man vielleicht auch noch nicht vollständig im Trocknen. Vor der Altersarmut wartet dann das Jobcenter mit einer möglicherweise angezickten, machtversessenen, scheißunfreundlichen Sachbearbeiterin, außerdem Offenlegung sämtlicher Finanzen, Hausverkauf, Entwürdigung und Bloßstellung.

Das möchte man doch vermeiden in einem Alter, in dem andere etwas erreicht haben. Diese Landung will man doch gerne NICHT erleben. Um keinen Preis, genauer gesagt. Also muss man dafür sorgen, nicht den Job zu verlieren, und sich ein wenig mehr anstrengen. Heißt: nicht krankmachen, niemanden gegen sich aufbringen, Ja sagen, sich anpassen, noch mehr leisten, sich krummlegen, alle zufriedenstellen, beweisen, dass man es noch draufhat, dass man es genauso kann wie Herr oder Frau Y, gerade von der Uni gekommen, und noch besser!

Das ist Abhängigkeit. Das ist gut. Das macht Burnout. Besonders interessant sind jedoch Abhängigkeiten, die Sie, liebe Leserinnen und Leser, jederzeit selbst schaffen können. Warum warten, bis Sie 55 sind? Es gibt eine absolut wirksame Methode, sich auf besondere Weise an den Job und den Arbeitgeber zu binden.

BAUEN SIE EIN HAUS.

Ja, Sie haben richtig gehört.

BAUEN SIE EIN HAUS.

Oder kaufen Sie eines aus den Sechzigerjahren des 20. Jahrhunderts, um es umfassend zu sanieren.

In beiden Fällen wird alles wesentlich teurer werden als erwartet, vor allem wegen der Bodenprobleme, der Firmenpleiten bei den Handwerkern, der asbesthaltigen Deckenverkleidung und solcher Sachen.

Jetzt mussten Sie sich aber schon für den überhöhten Kaufpreis und für die Sanierung (mit viel Eigenleistung bitte!) bis unter die Halskrause verschulden und haben auch nicht damit gerechnet, dass Kinder viel mehr kosten, als man Kindergeld bekommt, und dass man dafür aber meistens weniger verdient!

Massive Schlafstörungen werden die Folge sein angesichts der Häufung von Nullen bei Ihrem Kreditbetrag und angesichts der Jahrzehnte, die Sie benötigen werden, um auch nur ein paar Prozent der Summe zu tilgen. Das eine oder andere Magengeschwür, Herzrasen und heftige Migräneattacken stellen sich ein. Sie blicken aus dem Fenster auf den Erdhügel, der einmal Ihre Terrasse werden soll, und seltsam, die Gefühle, die Sie dabei empfinden, sind gar nicht so, wie es die Werbung Ihnen versprochen hat. Sicherheit, Geborgenheit und ein Besitz, den einem niemand mehr nehmen kann, alles nur Reklame. In Wahrheit haben Sie sich noch nie so unsicher gefühlt, so unter Druck, so ausgeliefert.

Ich übertreibe? Dann träumen Sie weiter, meine Lieben. Ich mag es, wenn junge Leute noch Visionen haben. Vom eigenen Heim, vom Eigenheim. Sie werden schon noch draufkommen, wenn Sie keine reichen Eltern haben, die das Häuschen großzügig sponsern. Aber auch jenen sei gesagt, Eltern machen niemals, wirklich niemals etwas ohne Hintergedanken. Sie warten nur auf eine Gelegenheit, sich in Ihr Leben einzumischen. Diese wohlhabenden Eltern werden in Zukunft darüber urteilen, welche Anschaffungen, Urlaube oder sonstigen Ausgaben für die bedürftigen Kinder noch sinnvoll und moralisch vertretbar sind. Gar keine nämlich! Und bei der Erziehung der Enkelkinder haben sie jetzt auch ein Wörtchen mitzureden, schließlich haben sie deren Zuhause finanziert. Außerdem müssen Sie ab jetzt immer nett zu Ihren Eltern sein, geduldig und verständnisvoll. Sonst werden Sie grauenhafte Schuldgefühle bekommen, weil sie undankbar und grausam zu diesen liebenswerten Menschen sind, die Ihnen uneigennützig geholfen haben, Ihren Lebenstraum zu verwirklichen und Ihrer Familie ein Zuhause zu schaffen.

Merken Sie was? Die Schlinge zieht sich langsam zu. Und was jetzt nicht passieren darf, UNTER KEINEN UMSTÄNDEN passieren darf, ist, dass Sie Ihren Job verlieren. Dass Sie in der Arbeit in Ungnade fallen, Ihre Firma Pleite macht oder Sie irgendwelche Einbußen Ihres Einkommens hinzunehmen haben. Ihr Gebäude ist auf der Annahme errichtet, dass Sie beruflich weiterhin leistungsfähig sind und dass der Erfolg immer so weitergeht und dass es keine Abschwünge, Krisen oder gar Brüche gibt. Also werden Sie ackern, was das Zeug hält, und schön die Schnauze halten, wenn Ihnen etwas nicht passt. Sie werden zum Jasager und zur Leistungsmaschine in Ihrem Job, aber Sie wollten ja partout „auch ein Spießer werden", nicht wahr?

So fühlt sich das dann an, Abhängigkeit. Ausgeliefertsein. Und sollten die Bedingungen in Ihrer Arbeit noch so haarsträubend, menschenfeindlich und gesundheitsgefährdend sein, Sie werden bei der Stange bleiben. Denn Sie haben ein Haus abzubezahlen, und die Zinsbindung läuft nur zehn Jahre. Stimmt's? Und Sie haben Sondertilgung vereinbart, das heißt Überstunden, Prämien, Bonuszahlungen und Schichten an den Feiertagen. Alles, was Kohle bringt, Sie sind bereit.

Na gut, ein Haus allein macht noch keinen Burnout, aber lassen Sie ein, zwei Faktoren dazukommen. Ein unfähiger Chef, eine kleine Umstrukturierung, die Streichung einer Stelle …

Sie können sich ein Haus beim besten Willen nicht leisten? Sie bekommen keinen Kredit in dieser Größenordnung, weil Sie arm wie eine Kirchenmaus sind und Ihre Bonität zum Himmel stinkt? Nicht traurig sein, es gibt Alternativen.

Den Frauen rate ich, für die halbseidenen Pläne eines Mannes zu bürgen, der gut im Bett ist. Oder für den erwachsenen Sohn, der mit 30 immer noch keinen Beruf hat, aber doch so dringend ein Handy, ein Auto und eine Wohnung braucht.

Den Männern empfehle ich eine anspruchsvolle Frau, die gut im Bett ist und einen Hang zu Louis-Vuitton-Taschen und zu ruinösen Kleinunternehmen hat wie eine Luxusboutique in einem schwäbischen Kaff, dessen schwäbische Bewohnerinnen sehr stolz auf ihre legendäre Sparsamkeit sind. Nichts dergleichen in Sicht? Dann gehen Sie shoppen! Vorzugsweise im Internet, da merken Sie gar nicht, dass Sie Geld ausgeben! Das ist nur ein harmloser Spaß mit Spielgeld, wenn Sie ZUR KASSE GEHEN klicken.

Oder Sie lassen sich von Shopping-Kanälen im Fernsehen inspirieren. Da gibt es Dinge, sage ich Ihnen, da wären Sie gar nicht drauf gekommen! Und plötzlich brauchen Sie die! Und die Dame am Telefon ist wirklich reizend. Sie gibt Ihnen einen Rabatt, wenn Sie das hochwertige Topfset auch noch nehmen, und sind wir mal ehrlich, mit den Töpfen, die

Sie zu Hause haben, kochen Sie jetzt schon ganze zwei Jahre lang.

Sehen Sie, auch wenn erst einmal gar nichts möglich erscheint, tun sich Lösungswege auf. Jeder kann sich verschulden, und zwar gründlich. Als Schuldner sind Sie herrlich zu manipulieren, auszunutzen und auszubeuten. Und das ist es doch, was wir wollen. An die Decke unserer Belastungsgrenze stoßen und dann durchbrechen und dann weitermachen wie verrückt, wie besessen, bis der Burnout am Ende des Tunnels winkt und ruft: Gleich ist es vorbei, gleich hast du es geschafft, gleich bist du fertig!

Merke:
Abhängigkeit ist ein hervorragender Nährboden für einen Burnout.

KAPITEL V:

SONDERFALL EMOTIONALE SCHWERARBEIT – BESTE AUSSICHTEN FÜR IHREN BURNOUT

Ein Mann, nennen wir ihn Herr Schmidt, 38 Jahre alt, arbeitet seit über zehn Jahren als Sozialarbeiter für das Jugendamt. Seine Aufgabe ist es, Familien zu unterstützen, die kleinere oder sehr große Probleme haben, beispielweise Verwahrlosung, Anzeichen körperlicher Gewalt oder Verhaltensauffälligkeiten der Kinder. Manchmal bitten diese Familien selbst um Hilfe, weil sie sich überfordert, ratlos und nicht mehr in der Lage fühlen, ihre Schwierigkeiten eigenständig zu lösen.

Herr Schmidt macht sich dann in seinem Privatwagen auf den Weg, um die Familien zu Hause zu besuchen. Man kann sich vorstellen, dass es leichtere, aber auch sehr schwere Fälle gibt. In manchen Familien stellt sich die Frage nach dem Kindeswohl und ob Kinder im desaströsen, gewalttätigen, eventuell missbräuchlichen und verwahrlosten Elternhaus verbleiben können oder ob sie in ein Heim verbracht werden müssen. Diese Entscheidungen verlangen Herrn Schmidt alles ab.

Denn handelt er zu früh, zeigt ihm jeder Richter den Vogel und er gilt als Hardliner, der armen Eltern böswillig ihre Kinder wegnimmt (à la schlimmes Jugendamt in sozialkritischen Filmen).

Handelt er aber zu spät, landet das Kind möglicherweise in der Tiefkühltruhe. Dann steht Herr Schmidt nicht nur als verantwortungsloser Versager da, dem das Leben eines Kindes ganz offensichtlich gleichgültig ist, sondern auch mit einem Bein im Gefängnis.

Aus dem Grund muss Herr Schmidt sehr gewissenhaft arbeiten und sehr sorgfältig dokumentieren sowie wahnsinnig wichtige Berichte schreiben. Herr Schmidt muss insgesamt mit allen Wassern gewaschen sein, denn er kriegt es mit Staatsanwälten und Richtern zu tun, mit cholerischen, gewaltbereiten Vätern, mit traumatisierten, weinenden und schlagenden Müttern, die ein Problem mit dem Müll in ihrer Wohnung haben, und mit Kindern, die den netten Mann vom Amt entweder treten oder von ihm mitgenommen und adoptiert werden wollen.

Das ist emotionale Schwerarbeit.

Oder können Sie sich irgendjemanden vorstellen, dem diese Arbeit nicht emotional naheginge? Angesichts der Eltern, denen man im schlimmsten Fall nicht im Dunkeln und eigentlich auch nicht im Hellen begegnen möchte, wenn man ehrlich ist, und auch angesichts vorgezeichneter Lebensläufe von Kindern, die angeblich dauernd die Treppe hinunterfallen?

Also ich könnte das nicht.

Das hört Herr Schmidt oft: „Also ich könnte das nicht!"

Es muss aber jemand können, diese Arbeit muss nämlich getan werden, sie ist notwendig, will man Familien, die nicht mehr weiterwissen, nicht einfach im Stich und sich selbst überlassen. Herr Schmidt hat das gelernt und bildet sich weiter und weiß vor dem Hintergrund seiner ganzen Expertise und Berufserfahrung einigermaßen mit der enormen Verantwortung und den emotionalen Belastungen umzugehen. Chapeau! Wirklich, ich ziehe den Hut vor solchen Menschen!

Trotzdem erleidet Herr Schmidt nach über zehn Jahren in diesem Job einen Burnout.

Wie das? Was ist passiert?

In den letzten Jahren kam es zu tiefgreifenden Veränderungen der Arbeitsbedingungen in der Familienhilfe. Das hat vor allem mit der eklatanten Kürzung von Geldern speziell in der Kinder- und Jugendhilfe zu tun. Hatte Herr Schmidt früher einmal bis zu 20 Stunden wöchentlich für schwierige Familien zur Verfügung, sind es jetzt höchstens drei. Drei! Und das ist eine Pauschale. Ob Herr Schmidt zehn Minuten oder eine halbe Stunde zur Familie zu fahren hat, ist der Pauschale egal. Der Politik auch.

Herr Schmidt hat also ein Problem. Er löst es dadurch, dass er private Zeit dazugibt, für die er kein Geld verdient und keinen Freizeitausgleich nehmen kann.

So steigt seine Wochenarbeitszeit auf bis zu 60 Stunden an. Die Not in den Familien ist ja nicht weniger, die Verantwortung und das Risiko nicht geringer geworden. Herr Schmidt bringt es nicht übers Herz, das einfach laufen und schleifen zu lassen. Das hieße für ihn, die beruflichen Ideale und seine ganze Erfahrung einfach über Bord zu werfen.

Also fängt Herr Schmidt an, die Berichte nachts zu schreiben. Er geht erst gegen drei Uhr morgens zu Bett, und auch dann findet er keinen Schlaf. Das Schicksal des kleinen Kevin treibt ihn um. Hat er, Herr Schmidt, nicht auch so einen Fall? Und hat er nicht vielleicht etwas Wichtiges übersehen und die Situation falsch eingeschätzt?

Der Erfolg von Herrn Schmidt wird neuerdings daran gemessen, ob die Kinder in den Familien verbleiben können. Heime sind nämlich teuer, Heimunterbringungen mussten drastisch reduziert werden. Empfiehlt Herr Schmidt also schweren Herzens, ein Kind dadurch zu retten, dass es aus der Familie herausgenommen wird, dann gilt seine ganze Maßnahme als gescheitert. Dann hat er nicht gut gearbeitet. Er muss Rechenschaft ablegen und bekommt nicht etwa den Rücken gestärkt.

Auch das Team hat sich verändert. Es gibt keine Zeit mehr für informellen Austausch. Diese Arbeit solidarisch zu tragen, sich abzusprechen, Rat zu holen, sich auszukotzen und manchmal auszuheulen, das ist nicht möglich. Die Mitarbeiter sind zu Einzelkämpfern geworden. Sie haben sich verschlossen. Es gilt nun als Schwäche, emotional belastet zu sein. In der Supervision wird nur noch methodisches Vorgehen thematisiert, nicht die emotional schwere Arbeit, die alle leisten und die einen um den Verstand bringen kann, wenn man nicht aufpasst.

Und? Wundert es Sie noch, dass Herr Schmidt in einen Burnout geschlittert ist?

Mich nicht.

Emotionale Schwerarbeit betrifft ganz besonders die helfenden Berufe wie Medizin, Pflege, Rettungsdienst und Katastrophenhilfe, Sozialarbeit, Sucht- und Psychotherapie, aber auch Lehrer, Polizei und Strafvollzug.

Das Gute ist, dass die meisten Betroffenen gar nicht wissen, dass sie tagtäglich emotionale Schwerarbeit verrichten. Sie haben keine Ahnung! Sie sitzen abends ratlos auf dem Sofa und denken: „Komisch, heute war doch gar nichts Besonderes. Wir waren gut besetzt, es gab keine Überraschungen, ein ganz normaler Arbeitstag. Und trotzdem fühle ich mich wie erschossen. Trotzdem tut mein Körper, als hätte ich Tonnen von Zement bewegt oder einen Gewaltmarsch hinter mich gebracht. Ich bin zu nichts mehr zu gebrauchen, obwohl ich doch kaum etwas geschafft habe. Vielleicht werde ich alt. Oder ich habe eine schlimme Krankheit. Oder ich bin einfach nur ein Waschlappen und nicht annähernd so belastbar wie zum Beispiel Bauarbeiter, Topmanager oder die Kassiererin in meinem Supermarkt."

Und sie kommen einfach nicht darauf! Dass sie eine genauso schwere Arbeit verrichten wie jeder Stahlarbeiter, nur dass es eben nicht die Hitze, der Lärm, die körperliche Anstrengung, sondern die psychisch-emotionale Beanspruchung ist.

Diese Ahnungslosigkeit spielt uns natürlich in die Hände. Wer keinen blassen Schimmer hat, wo all die Energie eigentlich hinfließt, die er jeden Tag in der Arbeit lässt, der passt nicht besonders gut auf sich auf, das kann ich Ihnen versprechen. Der wird nicht gegensteuern, keine Maßnahmen ergreifen und nicht für sich sorgen.

Ein Fliesenleger zum Beispiel weiß Bescheid. Er muss auf seine Knie aufpassen und auf seinen Rücken. Da liegt die Hauptbelastung. Der Fliesenleger muss Knieschützer tragen und vielleicht ins Rückentraining gehen oder zur Krankengymnastik oder solche Sachen, ich weiß es nicht genau, aber er, der Fliesenleger, weiß es, weil es ihm jemand gesagt hat.

Aber unserem emotionalen Schwerarbeiter hat es meistens niemand gesagt. Er kriegt zu hören: „Das ist dein Job! Wenn du das nicht abkannst, bist du hier verkehrt!"

Also reißt er sich zusammen und jammert nicht und macht einfach weiter. Und schwuppdiwupp schleicht sich so eine ungesunde Dauerspannung ein, so eine chronische Erschöpfung, und dann? Genau, ein Burnout!!!

Ich werde Ihnen natürlich noch verraten, wie Sie diesen Prozess beschleunigen oder im ungünstigen Fall verhindern oder verlangsamen können.

Aber zunächst möchte ich Ihnen die Kriterien vorstellen, die psychisch-emotional schwere Arbeit im Detail ausmachen. Überprüfen Sie bitte Ihre berufliche Situation anhand dieser Kriterien.

Falls Sie zu den Unglücklichen gehören, die im Job psychisch-emotional eher wenig gefordert sind, weil Sie kaum mit Menschen, dafür mehr mit Zahlen, Maschinen, totem Material und so etwas arbeiten, werden Sie es mit einem Burnout ein kleines bisschen schwerer haben. Aber keine Ausreden! Dann müssen Sie sich eben anders zu helfen wissen. Dieses Buch wird Ihnen genügend Hinweise liefern. Aber urteilen Sie nicht vorschnell. Vielleicht steckt auch in Ihrer Arbeit die eine oder andere emotionale Belastung.

1. BEZIEHUNGSARBEIT IST EMOTIONALE SCHWERARBEIT.

Also jede Arbeit, die Beziehungen zu Menschen entstehen lässt oder sogar zum Ziel hat. Warum?

- Die intensive berufliche Begegnung mit Menschen erfordert eine permanente Regulation von Nähe und Distanz, die sich nicht ein für alle Mal abschließen lässt. Man hat das niemals sozusagen „im Kasten".

  Denn es kommt zu unterschiedlichen Situationen mit jeweils vollkommen verschiedenen Menschen mit wiederum wechselnden Bedürfnissen, Tagesverfassungen und Belastungen.

Mit einem sterbenden Patienten wird die gute Krankenschwester wohl eine andere Nähe zulassen als mit einem deliranten Alkoholiker oder einem Patienten in Narkose auf dem OP-Tisch. Ein Polizist muss in ein und derselben Nacht zu einem Gewaltverbrecher Distanz schaffen, eventuell im physischen Sinne, zum Opfer aber Nähe und Vertrauen aufbauen. Jedoch nicht zu viel davon bitte!

Ein Lehrer wird mit einem schüchternen Fünftklässler das Problem hoffentlich anders lösen als mit einer ziemlich hübschen Siebzehnjährigen.

Das läuft in der Regel unbewusst ab und scheinbar nebenbei, es ist mit etwas Berufserfahrung so selbstverständlich wie Autofahren. Aber auch Autofahren erschöpft auf Dauer.

▹ Beziehungsarbeit bedeutet, Konflikten ausgesetzt zu sein. Wer mit Menschen in Kontakt tritt, wird deren wütende Impulse kennenlernen und um Auseinandersetzungen nicht herumkommen, teils laut, aggressiv, irrational und heftig ausgetragen. Der Beziehungsarbeiter ist menschlicher Aggression ausgesetzt und wird zur Angriffsfläche. Die einen stecken es besser, die anderen schlechter weg, aber Konflikte kosten immer Kraft und Nerven. Denken Sie an cholerische Patienten, verhaltensauffällige Kinder, pöbelnde Betrunkene, um sich schlagende Demenzkranke und so weiter. Überall finden Auseinandersetzungen statt und emotionalisieren das Geschehen. Eigene Gefühle müssen ständig reguliert werden, man muss sich im Griff haben, schließlich ist man Profi, oder?

Dabei lösen Aggression und Gewalt tatsächlich physiologische Reaktionen aus. Adrenalin wird ausgeschüttet, der Herzschlag wird schneller, ein simpler Kampf-oder-Flucht-Modus wird eingeschaltet. Sie können aber von Ihrem Arbeitsplatz nicht flüchten! Und kämpfen sollen Sie auch nicht, also zurückschreien, zurückschlagen oder zurückbeleidigen.

Also was jetzt?

Schön professionell bleiben! Sachlich, rational und sozial kompetent!

Glauben Sie mir, das schafft auch die Stärksten unter Ihnen. Da blubbern die Stresshormone im Blut.

- ▷ Beziehungsarbeit heißt auch Umgang mit Menschen, die Schicksalsschläge, Lebenskrisen und existenzielle Ausnahmesituationen zu verkraften haben. Diese Menschen weinen, leiden, schreien, wüten oder schweigen apathisch. Und dennoch muss der fleißige Beziehungsarbeiter sich ihnen nähern und zuwenden und mit ihnen kommunizieren. Egal, wie stabil gerade die eigene Verfassung ist. Die Arbeit muss getan werden, fertig.

Und vergessen Sie es, niemand „gewöhnt" sich an Leid.

Ehrlich gesagt, ich glaube auch schon lange nicht mehr an ausgleichende Gerechtigkeit. Es gibt unschuldige Menschen, die es vom Zufall, vom Schicksal oder vom „lieben" Gott, je nachdem, doppelt und dreifach oder wie aus Eimern kriegen. Man fragt sich, wie sie das verdient haben, die haben das aber gar nicht verdient, also sie haben keinerlei Verbrechen begangen oder so was in der Art.

Ist man jetzt kein Holz- oder Eisklotz, sondern ein wenig sensibel und mitfühlend, dann sträuben sich einem schon die Haare, und man muss sich gewaltig zusammenreißen, um in der Spur zu bleiben und einfach seine Arbeit zu machen. Das kriegen Sie nicht geschenkt, da müssen Sie was investieren, und das spüren Sie dann eben auch, dass Sie was geleistet haben, aber hallo.

Ist das jetzt deutlich? Warum Beziehungsarbeit genauso anstrengend ist wie schwere körperliche Arbeit? Oder wie die 60-Stunden-Woche eines Managers? Oder wie die Schicht eines Fluglotsen? Beziehungsarbeit passiert nie von alleine, nie einfach so, nie ohne Kraftaufwand.

Und deshalb sitzen unsere armen emotionalen Schwerarbeiter abends auf ihrem Sofa und sind fix und fertig. Kaputt. Die brauchen nichts mehr. Würden sie verzweifeln oder verrückt werden, niemand würde es ihnen verübeln, oder?

Trotzdem kippen erstaunlich wenige von der Stange, finde ich. Dabei hätten sie alle einen rechtschaffenen Burnout verdient. Ich möchte diesen Menschen an dieser Stelle zurufen: „Sie sind nicht allein! Ich bin für Sie da! Vertrauen Sie mir und lesen Sie weiter!"

2. DIE BERUFLICHE KONFRONTATION MIT TOD UND STERBEN IST EMOTIONALE SCHWERARBEIT.

Ein Rettungssanitäter, ein erfahrener, vernünftiger Mann, hat mir einmal gestanden, dass er seine halbwüchsigen Kinder kaum aus dem Haus lassen kann, ohne sofort diese Bilder im Kopf zu haben und die Kinder in ihrem Blut liegen zu sehen, irgendwie zerquetscht, halbiert oder platt gefahren.

Das ist doch nur zu verständlich! Wissen Sie, was der alles zu sehen kriegt? Genau, das wollen Sie gar nicht wissen.

Wer ständig die Endlichkeit der menschlichen Existenz vor Augen hat, kann sie nicht verdrängen und verleugnen, wie wir das alle gerne und aus gutem Grund tun.

Möchten Sie etwa immer daran denken müssen, was

Ihren Lieben alles passieren könnte? Dass diese Menschen zerbrechlich und sterblich sind? Sie könnten in einem Sarg liegen und beerdigt werden!

Oder stellen Sie sich gerne vor, dass es Sie selbst in der nächsten Sekunde schon nicht mehr geben könnte? Ist das Ihr Ernst? Obwohl Sie Kinder haben, einen liebenden Partner, und obwohl Sie außerdem total gerne leben?

Nein, hören Sie mir auf mit dem Tod. Ich glaube, es macht das Leben um einiges leichter, wenn wir so tun, als würde dieser Tod uns persönlich irgendwie doch verschonen.

Es ist eine Art Gnade, keine Ahnung vom Tod zu haben. Aber genau Bescheid zu wissen, was er anrichten kann, grausam, willkürlich und skrupellos, das muss man erst einmal verkraften. Damit muss man fertigwerden. Und das kostet Energie, sonst funktioniert es nicht. Das ist psychisch-emotionale ARBEIT!

3. DIE BEGEGNUNG MIT SCHWERER KRANKHEIT, SIECHTUM UND VERSEHRTHEIT IST EMOTIONALE SCHWERARBEIT.

Nicht nur der Tod ist erschreckend, sondern auch das, was der menschliche Körper so hergibt an Verformung, Verlust und Dysfunktionalität. Wunden, die nicht heilen, amputierte

Gliedmaßen oder Brüste, Schädeltraumen, offene Brüche und Tumoren, Krätze und Tuberkulose, ein unendliches Sortiment.

Und manche Berufsgruppen haben all dieses Leiden jeden Arbeitstag und jede Arbeitsstunde direkt vor ihrer Nase. Das macht Angst. Das ruft auch Ekel hervor. Und glauben Sie nicht, dass zum Beispiel Pflegekräfte keinen Ekel mehr verspüren, keinen Impuls, sich abzuwenden und davonzulaufen. Das sind Menschen wie du und ich! Aber es ist ihre Aufgabe, hinzugehen und anzufassen, und das, wenn möglich, auch noch sanftmütig und respektvoll. Das ist emotionale Schwerarbeit, verstehen Sie? Nicht verdrängen zu können. Diese Arbeit bedeutet zu sehen, zu riechen, zu spüren. Die Verletzlichkeit und Vergänglichkeit des menschlichen Körpers, sein Vergehen und seinen Kampf ums Überleben.

4. DAS ERLEBEN VON GEWALT IST EMOTIONALE SCHWERARBEIT.

Ich kenne einen jungen Polizisten, der keine Zähne mehr hat. Sie wurden ihm ausgeschlagen, weil er bei einer Verhaftung auf die Handschellen verzichtet hat, aus Rücksicht auf ein anwesendes Kind.

Ich persönlich habe eher schlechte Erfahrungen mit Polizisten gemacht (nicht dass ich kriminell wäre, wo denken Sie hin).

Aber von persönlichen Empfindungen darf ich mich hier nicht beeinflussen lassen. Jeder hat ein Recht auf Burnout, das ist meine Meinung, ohne Ansehen der Person.

Vielleicht werden manche Polizisten ja auch erst so komisch, WEIL sie diese Arbeit tun müssen, und es ist ja oft eine sehr nützliche Arbeit, nicht dass wir uns falsch verstehen.

Das destruktive Potenzial des Menschen, das „Böse" am eigenen Leib zu erfahren, aber auch an Kindern, Wehrlosen, willkürlich Ausgesuchten, das kann den Glauben an das Gute im Menschen erheblich beeinträchtigen. Muss es nicht unerträglich sein, all diese Schuss-, Stich- und Schlagverletzungen zu sehen? Das sind Einblicke in menschliche Abgründe, auf die ich gut und gerne verzichten kann.

Dem Menschen in seiner Unmenschlichkeit, in seinem Hass, in seiner nicht mehr zu kontrollierenden Wut gegenüberzustehen und trotzdem am Feierabend ein fröhlicher Familienvater oder eine glückliche junge Frau zu sein, das ist zu schaffen, aber leicht ist es nicht. Nein, es ist schwer. Das fällt diesen Leuten nicht in den Schoß. Sie müssen ein ganzes Arsenal psychischer Strategien einsetzen, um das Erlebte immer wieder zu integrieren und ein normales Leben zu führen. Vorausgesetzt es sind fühlende und denkende Wesen und keine Psychopathen (was wir doch hoffen wollen).

5. LÄCHELN IST EMOTIONALE SCHWERARBEIT.

Hä???

Sie haben mich schon richtig verstanden.

Der Zwang zu lächeln kann einen fast umbringen. Immer positiv, motiviert, gut drauf und gut gelaunt zu wirken, da wird man doch gaga, oder?

Aber aufgepasst, das reicht noch nicht ganz für das Qualitätsmerkmal „emotionale Schwerarbeit"! Denn irgendwie kann man sich das antrainieren, dieses oberflächliche Lächeln, es sind ja nur ein paar Muskeln, die bewegt werden müssen.

Richtig ernst wird es meines Erachtens erst, wenn das Lächeln „authentisch" zu sein hat.

Verstehen Sie? Show allein reicht nicht, die innere Verbiegung muss dazukommen. Denn wer genau hinschaut, der erkennt das falsche, das aufgesetzte Lächeln, hinter dem gut und gerne der „LmaA"-Gedanke" stecken kann. Und deswegen ist die viel höhere Kunst das echte Lächeln, die echte positive Einstellung und die echte gute Laune. Alles muss echt sein. Sonst ist es doch nicht „authentisch", und die Menschen lieben Authentizität, sie fahren voll drauf ab! Die Sehnsucht nach Authentizität ist so dermaßen groß, dass Menschen alles tun und alles konsumieren dafür, ALLES.

Und deswegen müssen eben Leute, die etwas verkaufen wollen, und sei es die eigene Arbeitskraft, authentisch sein, aber eben nicht authentisch mies drauf und abgeturnt und angefressen, sondern authentisch positiv, klar. Das macht Ausstrahlung. Das erhöht den Marktwert. Das verkauft sich gut und verkauft auch Produkte gut oder Dienstleistungen oder irgendwas halt. Faszinierende Persönlichkeiten in faszinierenden Berufen arbeiten mit faszinierenden Kunden an faszinierenden Projekten! Supi!

Die Anstrengung, dauernd, also jeden Tag, authentisch voll auf der Höhe zu sein, die mag ich mir gar nicht vorstellen. Ich würde schon nach einem Tag schlappmachen, glaube ich.

Aber schlappmachen, das wollen wir doch gerade, oder? Das ist unser Ziel. Verlieren wir es nicht aus den Augen!

Und jetzt atmen wir erst einmal tief durch.

Das waren ja wirklich schwierige Themen, nicht wahr?

Eine Runde Mitleid bitte für unsere emotional so hart arbeitenden Mitbürgerinnen und Mitbürger.

…

Die Armen! Sie haben es wirklich nicht leicht.

…

So, das reicht jetzt auch wieder.

Hallo, Sie können wieder aufhören!

Danke.

Zu viel Mitleid kann ich mir auf meiner Mission nämlich nicht leisten. Auch wenn es mir schwerfällt, denn eigentlich bin ich ein sensibler, sehr mitfühlender Mensch. Aber es nützt Ihnen ja nichts, wenn ich Ihnen nur den Kopf tätschle und wir machen es uns hier gemütlich. So kommen wir garantiert nicht weiter.

Ich reiße mich also am Riemen und Sie auch, in Ordnung?

Und deshalb gehen wir gemeinsam einen konsequenten Schritt weiter. Geht nicht anders, glauben Sie mir! Auch wenn es Ihnen grausam vorkommen mag.

Die meisten Menschen in emotional anstrengenden Berufen bewältigen ihre Aufgaben und die damit verbundenen psychischen Herausforderungen wirklich gut. Es ist ein Wunder, aber weder gehen sie vor die Hunde noch landen sie in psychiatrischen Kliniken.

Was machen diese Leute falsch? Warum brennen sie nicht aus? Was kann ich ihnen anbieten, damit sie die Mundwinkel bald ein bisschen hängen lassen und sich ausgelaugt fühlen? Also das wäre doch nur zu verständlich!

Ich habe natürlich etwas in petto!

Also ein Wort an die Betroffenen: Liebe emotionalen Schwerarbeiterinnen und Schwerarbeiter!

- Wichtig ist, dass Sie sich mit niemandem austauschen. Sprechen Sie niemals über Ihre Belastungen. Das wäre doch nur ein Zeichen von Schwäche! Das müssen Sie abkönnen in Ihrem Job, verstehen Sie?

Sonst sind Sie da verkehrt, sonst sind Sie am falschen Platz. Die schrecklichen Bilder und schlimmen Schicksale in Ihrem Kopf, Ihre Ängste, Ihre Traurigkeit und Ihre Wut, das alles geht niemanden etwas an. Behalten Sie Ihre Gefühle für sich. Ganz tief drinnen sind sie am besten aufgehoben. Dann kann auch nichts passieren. Sie erfahren keine Entlastung und Unterstützung und sind auf sich allein gestellt. Das hält keiner lange aus. Sie schon, ich weiß, aber ewig kann das nicht gut gehen. Sie werden leiden. Der Krug geht so lange zum Brunnen, bis er bricht. Ich warte auf Sie!

▷ Geben Sie die Hoheit über Nähe und Distanz ab. Überlassen Sie die Gestaltung des Abstandes Ihren Anvertrauten, Klienten, Patienten, Schülern, Bewohnern und Beschuldigten.

DIE sollen gefälligst wissen, was gut für SIE ist. DIE sollen IHRE Grenzen kennen und berücksichtigen. Von sich aus!

Sie werden sehen, da kommen Sie ganz schön ins Schlingern. Den einen müssen Sie ständig umarmen oder an der Hand halten, den anderen dürfen Sie nicht gefahrlos anfassen, den nächsten müssen Sie mit zu sich nach Hause nehmen.

Das wird ein Spaß! Die anderen regeln Nähe und Distanz, und Sie werden plemplem!

- Und bitte glauben Sie nicht dieses Zeug über DISTANZIERTE ANTEILNAHME. Das ist ausgemachter Blödsinn. Da frage ich mich doch: WAS DENN JETZT? Distanz oder Anteilnahme? Würden sich die Damen und Herren mal entscheiden?

  Ich bin im Zweifelsfall immer für Distanzlosigkeit.

  Distanz, das Wort ist schon so kalt und grausam, finden Sie nicht? Angenommen, Ihr Klient ist in einen reißenden Fluss gefallen und am Ertrinken. Werden Sie hinterherspringen? Werden Sie alles auf sich nehmen und Ihr Leben riskieren? Nein?

  Dann sind Sie ein schlechter Helfer und werden auch keinen Burnout zustande bringen. Ich hätte mehr Einsatz von Ihnen erwartet.

- Nutzen Sie Ihre Vorbelastungen! Haben Sie Todesfälle, schwere Krankheiten oder Gewalt in der Ursprungsfamilie erleben dürfen oder sind aktuell im nahen Umfeld mit solchen Belastungen konfrontiert?

  Sehen Sie, dann sind Sie im Vorteil. Denn Sie haben Wunden, Narben, blinde Flecken und innere Abgründe, in die Sie leicht mal hineinstürzen können.

  Wichtig ist allerdings, dass Sie das weit von sich weisen.

  Sie haben keine Schwachpunkte, verdammt!

  Im Gegenteil, Sie zeigen allen, dass Sie sich ganz

besonders gut um solche Themen und Menschen kümmern können. Nur nicht den Blick nach innen richten, sondern im Außen die Frau und den Mann stehen! Gehen Sie über Erinnerungen, alte Gefühle und Schmerzen einfach hinweg. Dann werden diese Dinge von hinten durch die Brust ins Auge zurückkommen und Ihnen das Leben schwer machen, das verspreche ich Ihnen. Denn in Wahrheit sind Sie dünnhäutiger und gefährdeter als andere ohne diese Vorerfahrungen. Das darf aber niemand merken, Sie selbst am allerwenigsten!

- Ansonsten beherzigen Sie bitte alles, was ich Ihnen in Teil 2 dieses hilfreichen, praxisnahen Buches mit an die Hand geben werde. Dann werden Sie ziemlich schnell Erfolge verbuchen und lassen die anderen, die weniger belastet sind und andere Probleme haben, auf dem Weg in den Burnout hinter sich. Die Letzten werden die Ersten sein, liebe unterbezahlte Helferinnen und Helfer in diesem Land!

Ich bin ganz schön in Fahrt gekommen, merken Sie das? So einen Energieschub sollte man nutzen. Deshalb setze ich jetzt leider noch einen drauf.

Es reicht Ihnen schon?

Warum auf halber Strecke ein Päuschen machen? Nein, wir gehen weiter und genau dahin, wo es wehtut. Es braucht noch ein paar weitere Zutaten. Wir kochen einen Eintopf der emotionalen Schwerarbeit, der sich gewaschen hat.

Wir fügen nämlich noch Druck, Überforderung, ein paar Teamkonflikte, fehlende Supervision und Weiterbildung hinzu und geben dann noch Größenwahn, Schuldgefühle und die Unfähigkeit, sich zu entspannen, hinein.

Dann schalten wir den Mixer an und drehen voll auf!

Toll! Beeindruckend! Faszinierend!

Können Sie sich das vorstellen? Im Detail? Gehen Sie es ruhig gedanklich einmal durch! Was bedeutet das konkret für die Ärztin, den Lehrer, die Polizistin, den Sozialarbeiter, die Sanitäterin?

Ja, mir schnürt es auch schon den Hals zu. Ich bekomme Beklemmungen und eine erste kleine Panikattacke.

Sehen Sie?

Ist doch gar nicht so schwer!

So langsam fügt sich eines zum anderen, und Burnout ist auf einmal nicht mehr in weiter Ferne, sondern zum Greifen nah.

Schön. Wir kommen voran. Ich bin im Augenblick ganz zuversichtlich, dass wir erfolgreich sein können. Und an den Erfolg zu glauben bringt ja den Erfolg quasi schon automatisch mit sich, das haben Sie bestimmt auch schon gelesen. Also glauben Sie bitte an Ihren Burnout, auch wenn Sie sich möglicherweise noch ein wenig zu frisch und zu fröhlich fühlen. Das kriegen wir hin.

Ganz bestimmt.

Ich nehme Sie nun mit zu Teil 2 dieses Buches, in dem wir uns detailliert und schonungslos damit beschäftigen werden, wie Sie das bisher gewonnene Wissen zielführend in die Praxis umsetzen können.

Wir sind noch lange nicht fertig, meine Lieben.

Also gar nicht erst hinsetzen, sondern weitergehen, immer weiter!

TEIL 2

Wissen ist Silber, Handeln ist Gold –
die praktische Umsetzung

KAPITEL VI:

ERFOLGREICH IN DEN BURNOUT – EFFEKTIVE MÖGLICHKEITEN AN IHREM ARBEITSPLATZ

Nach dem umfangreichen und, ich muss sagen, wirklich gelungenen und interessanten Theorieteil geht es nun also in die Praxis. Ich werde mich bemühen, meine wertvollen Tipps mit Beispielen zu veranschaulichen, kann aber dieses Kapitel letztlich nur relativ allgemein behandeln. Denn jeder Einzelne von Ihnen arbeitet unter sehr spezifischen Bedingungen und ist zudem eine einzigartige Persönlichkeit.

Aber Sie haben nun schon einiges gelernt und übertragen das Folgende auf Ihr Berufsfeld und Ihre individuelle Arbeitssituation. Es geht zunächst darum, Strategien und Fertigkeiten zu erarbeiten, die Sie an Ihrem Arbeitsplatz, im unmittelbaren beruflichen Umfeld erfolgreich einsetzen können.

1. VERANTWORTUNG SAMMELN

Die einen sammeln Briefmarken, die anderen Bierdeckel oder Zinnsoldaten, egal was es ist, meistens langweilen Sammler andere mit ihren Besitztümern zu Tode.

Aber Sie, meine Damen und Herren, Sie sind anders, Sie sammeln Verantwortung. Das ist interessant, herausfordernd und macht sexy. Oder wollen Sie weiterhin zu denen gehören, die sich ducken oder angestrengt aus dem Fenster sehen, wenn es darum geht, Verantwortung zu übernehmen?

Sie werden ab jetzt nicht nur Ja sagen, wenn Sie direkt gefragt werden, nein, Sie werden sofort ICH schreien, BEVOR irgendjemand Sie um etwas bittet und BEVOR jemand auf Sie aufmerksam wird.

Das fällt auf, glauben Sie mir, Ihr Chef wird begeistert sein, die Drückeberger in Ihrem Team auch. Manche Kollegen nicht so, die werden Ihnen vorwerfen, sich hervorzutun und ein Schleimer zu sein.

Die haben natürlich recht. Die werden aber auch nie einen Burnout erreichen. Also fassen Sie sich ein Herz und heben Sie beim nächsten Mal den Arm mit eifrigem Fingerschnippen.

Wer könnte denn das Projekt XY übernehmen, allerdings sitzen auf Kundenseite die Kinseys drauf (ja, externe Unternehmensberater sind immer eine Belastung, ich kann auch nichts dafür)?

Wer könnte den Herrn Sowieso aufnehmen, der gilt allerdings als schwierig (heißt: aggressiv und manchmal gewalttätig)?

Wer könnte sich in Zukunft um diese Artikel in den Fachzeitschriften kümmern (Extra-Honorar gibt es leider nicht)?

Wer könnte denn unsere neue Mitarbeiterin einarbeiten, sie ist ein bisschen sensibel (sie hatte Burnout)?

Wer könnte denn die Weihnachtsfeier organisieren (an der alle herummeckern werden)?

Wer könnte die Qualitätssicherung übernehmen (das Lieblingsthema vom Vorstand und wahnsinnig hoch aufgehängt)?

So, und jetzt denken Sie vielleicht, es reicht vollkommen, wenn Sie einmal, zweimal oder dreimal HIER! schreien, aber da sind Sie schief gewickelt und total auf dem Holzweg. Es ist absolut notwendig, dass Sie ALLE diese Verantwortungsbereiche umgehend an sich reißen. Je öfter Sie sich melden, desto häufiger wird man gleich direkt auf Sie zukommen, das vereinfacht die Sache. Sammeln heißt ja nicht, das eine oder andere in Besitz zu nehmen, sondern alles, was man von einer ganz bestimmten Sache kriegen kann, und diese Sache heißt für Sie eben Verantwortung. Werden Sie zuständig! Für alles! Ist das nicht wunderbar? Und korrespondiert das nicht hervorragend mit Ihren kleinen, heimlichen Allmachtsfantasien?

Ein Hinweis an meine fortgeschrittenen Leserinnen und Leser: Geben Sie sich nicht damit zufrieden, gefragt zu werden, sondern gehen Sie selbstständig auf die Suche nach Verantwortung. Gibt es da nicht irgendeinen Bereich, wo etwas im Argen liegt? Wo sich kein Schwein kümmert und es aussieht wie Kraut und Rüben? Eine Sache, die nicht vorangeht und die keiner ernst nimmt, obwohl doch diese neue, ebenso wichtige wie sinnlose Anordnung erlassen wurde?

Werden Sie zum Trüffelschwein auf der Suche nach Verantwortung, stöbern Sie in den letzen Ecken, graben Sie im Keller und duchwühlen Sie den Dachboden Ihres Betriebes. Und dann zögern Sie nicht, raffen Sie alles an sich, auch wenn alle anderen mit den Augen rollen und sich genervte Blicke zuwerfen. Ab jetzt nehmen Sie das in die Hand! Und das auch noch! Und jenes natürlich! Herrlich, es hört nie auf!

Bis Sie unter der Last der Verantwortung gebückt zur Arbeit gehen und auch wieder nach Hause. Bis Sie schließlich einknicken und zu Boden gehen, und auch dann geben Sie nichts, aber auch gar nichts von dem ab, was Sie sich so mühsam angeeignet und aufgebaut haben.

Also ran an den Speck.

Es wird Ihnen leichter fallen, wenn Sie sich vorstellen, dass der ganze Laden, für den Sie arbeiten, Ihnen gehört. Im Grunde ist es Ihre Firma, Ihr Amt, Ihr Altenheim, Ihre Schule, verstehen Sie? Ohne Sie würde alles zusammenbrechen, weil nur Ihnen das Fortbestehen und Gedeihen Ihrer Organisation wirklich am Herzen liegt. Sie sind Eigentümer, Vorstand, Betriebsrat und alle Abteilungen in einer einzigen Person, und wenn es irgendjemanden gibt, dem nicht alles piepegal ist, dann sind das leider Sie ganz allein. Deswegen schöpfen Sie ja auch die Gewinne ab, halten die Aktienmehrheit, freuen sich über tolle Dividenden und werden nach dem Verkauf an die Amis ein reicher Mann sein (oder eine reiche Frau, was allerdings seltener ist, ja, so ist nun einmal die Realität, meine Damen, es nützt nichts, die Augen zu verschließen).

Ab sofort lösen Sie sich also von der Vorstellung, Arbeiter und Angestellter zu sein, Arbeitnehmer, HR (= Human Resources), nein, Sie gehen jeden Morgen erhobenen Hauptes in Ihr eigenes Unternehmen. Ist das nicht Wahnsinn?

Dieser Wahnsinn ist für Hunderttausende von Freiberuflern und Selbstständigen in ihren Ein-Mann-Unternehmen übrigens keine Zukunftsmusik, sondern Realität. Diese Menschen tragen ihr Joch mit Freude und Begeisterung, sie opfern ihre Nächte und ganze Lebensjahre, kommen finanziell nie auf einen grünen Zweig und beuten einzig und allein sich selber aus. Wir alle sollten uns an ihnen ein Beispiel nehmen!

2. DELEGIEREN IST FEIGE

„Sie müssen lernen zu delegieren!"

Kennen Sie den Spruch? Wenn Sie gerade einen Weinkrampf oder einen Tobsuchtsanfall hatten und einen Notruf abgesetzt haben („Ich schaffe es nicht, ich kann nicht mehr, ich kündige oder werde krank!")?

Ein freundlicher Mensch wird Ihnen über den Kopf streichen und Sie mitfühlend (alternativ auch kühl und abschätzig) ansehen und ebenjenes Sprüchlein aufsagen.

„Sie müssen lernen zu delegieren."

Ich bin allerdings dagegen, und wenn Sie das Kapitel zum Thema Verantwortung gelesen haben, wissen Sie auch, warum.

Delegieren, das sagt sich so leicht. Es ist auch leicht. Wenn man jemanden hat, an den man delegieren kann. Dann ist es das Einfachste von der Welt. Aber fragen Sie mal die Frau an der Kasse im Supermarkt, da scheidet Delegieren meistens aus. Oder meinen Sie, diese Frau kann eine Durchsage machen: „Herr Filialleiter, bitte übernehmen Sie die Kasse 3 und kümmern Sie sich um die Flaschenabgabe, da funktioniert etwas nicht, und eine Kundin möchte sich beschweren, weil ihre Schlange an der Kasse wieder die längste ist. Ach ja, die Einkaufswagen in der Tiefgarage müssen zusammengeschoben werden."

Nur ein außergewöhnlich humorbegabter Filialleiter würde das witzig finden. Jeder andere würde der Frau erklären, was ihre Aufgaben im Supermarkt sind und dass es wahnsinnig viele Menschen da draußen gibt, die diese Aufgaben mit Freude und Leidenschaft erfüllen würden, wenn er, der Filialleiter dieses Supermarktes, ihnen die Gelegenheit dazu geben würde.

Wir wollen uns daran ein Beispiel nehmen.

Wenn Sie nicht an der Supermarktkasse arbeiten, sondern Untergebene haben oder ein Team oder so etwas, dann ist die eigentliche Herausforderung, NICHT zu delegieren, obwohl man es könnte. Es SELBST zu tun ist das Geheimnis, und das kann eben nicht jeder, das können nur Sie. Sie haben den Überblick und das Know-how und haben das von der Pike auf gelernt und waren von Anfang an dabei und alles. Sind wir mal ehrlich, außer Ihnen macht es niemand wirklich richtig, oder?

Meine Meinung ist: Angsthasen und Feiglinge delegieren. Helden und wahre Kämpfernaturen packen es selbst an.

Oder haben Sie schon mal einen Film gesehen, in dem der gut aussehende, muskulöse und charmante, wenn auch etwas wortkarge Held zu seinem weniger gut aussehenden und weniger muskulösen, auch weniger intelligenten Diener oder Assistenten sagt: „Mach du das, rette du die Welt und die Prinzessin gleich mit, erlange du die größte Weisheit und innigste Liebe und erobere oder verteidige du dieses Land unserer Väter."

Der Diener würde doch antworten: „Mein Herr, Sie sind

mir ja vielleicht ein Angsthase, machen Sie das mal schön alles selber, sonst sage ich Feigling zu Ihnen."

Und er hätte recht.

Oder gibt es irgendein Buch, in dem die bezaubernde Kämpferin für das Wahre, Gute und Schöne zu ihrer hässlichen, albernen Freundin sagt: „Kannst du das für mich übernehmen, mir wird es zu viel, und mein Leben will ich schließlich auch nicht so gerne aufs Spiel setzen!"

Jede Leserin dieses Buches würde den Kopf schütteln und sich fragen: „Was haben wir denn da für eine Heldin, da stimmt doch was nicht, mit der kann ich mich ja gar nicht identifizieren!"

Also, meine Lieben, denken Sie immer daran. Durch Delegieren hat noch niemand einen Kampf gewonnen, einen heiligen Gral gefunden oder die Prinzessin erobert. Delegieren heißt, sich aus der Verantwortung zu stehlen, um das zu tun, was man am besten kann, und um ein Päuschen zu machen, das der Entspannung und Regeneration dient.

Merken Sie was? Nicht? Mal wieder keine Ahnung?

All das wollten wir doch hinter uns lassen!

Dämmert es wieder?

Meine Güte. Sie gehören nicht zu den leichten Fällen. Aber ich werde nicht aufgeben. Das hätten Sie gerne, ja? Dass ich das Handtuch werfe?

Keine Angst. Ich bleibe bei Ihnen.

3. HILFSANGEBOTE ABSCHMETTERN – ABER WIE?

Erst einmal ist es wichtig, dass Sie niemals um Hilfe bitten. Das wäre ja noch schöner. Auf andere angewiesen sein und dann etwa in der Schuld von jemandem stehen? Das verpflichtet nur und macht abhängig. Wenn Sie um Hilfe bitten, zeigen Sie, wie schwach, wenig belastbar und überfordert Sie sind.

Gehen Sie lieber davon aus, dass die anderen von sich aus auf die Idee kommen müssen, dass Sie Hilfe brauchen. Weil die nämlich nichts anderes zu tun haben, als darauf zu achten, ob und wann Sie vielleicht Unterstützung gebrauchen könnten.

Das müssen die doch SEHEN!

Nehmen Sie es wahnsinnig krumm, wenn das nicht der Fall ist, sondern alle nur mit sich selbst und ihren eigenen Aufgaben und Problemen beschäftigt sind. Sie haben eine Erwartung, und die wird wieder einmal enttäuscht, war ja klar! Also haben Sie jedes Recht der Welt, traurig, gekränkt, schlecht gelaunt und sehr beleidigt zu sein. Zeigen Sie das! Aber verraten Sie nicht, warum. Die sollen sich mal schön ihre Gedanken machen, diese Egoisten, denen Sie so egal sind!

Möglicherweise haben Sie Pech, und es gibt sie doch, die wohlmeinenden Menschen, die Ihnen ihre Hilfe anbieten. Und diese empathiebegabten Mitgeschöpfe nehmen tatsächlich wahr, wenn Sie gehetzt und am Rudern sind, wenn

Sie nicht mehr mit in die Kantine mitkommen und ständig gähnen müssen, und sie möchten Ihnen dann etwas abnehmen.

Zum Beispiel Verantwortung.

Wer Verantwortung sammelt und aufhört zu delegieren, muss konsequenterweise auch solche Hilfsangebote abschmettern. Aber wie?

Unterstellen Sie negative Motive, das wirkt immer. Reagieren Sie misstrauisch und empört.

In Wahrheit soll Ihnen nämlich etwas WEGGENOMMEN werden.

Ein Beispiel-Dialog:

A: „Ich bin mit meiner Präsi (Präsentation = wichtige Vorstellung von Arbeitsergebnissen) schon fertig, und du hast so viel um die Ohren, kann ich dir was helfen?"

B antwortet nicht, schaut aber ungläubig.

A: „Ich könnte die Daten schon mal durch die Statistik laufen lassen."

B (aggressiv): „Denkst du, ich schaff das nicht?"

A: „Nein, ich wollte nur …"

B (sarkastisch): „Vielen Dank, aber das bekomme ich gerade noch alleine hin."

A: „Klar."

B: „Das kannst du dir abschminken, dass der Umsatz dann zu dir rüberwächst."

A geht frustriert aus dem Zimmer.
B ruft hinterher: „Ich weiß genau, was du vorhast!"

Das gefällt mir! Da wächst so schnell kein Gras mehr! In Zukunft wird man es sich verkneifen, B Unterstützung anzubieten. Und das ist die Sache doch wert!

Merke:
Angriff ist die beste Verteidigung, auch wenn es um Hilfsangebote geht.

Und dann ist es bald so weit, dass Sie für alles verantwortlich sind und alles selbst in die Hand nehmen. Endlich. Keine Ausflüchte und Ausreden mehr. Keine Ausweichmanöver.

Vor Ihnen liegen wahre Berge von Arbeit, und Sie sind ganz allein damit.

So soll es sein.

4. WOZU PAUSEN?

Das habe ich mich schon immer gefragt, wozu es gut sein soll, seine Arbeit zu unterbrechen, um etwas ganz anderes zu tun. Pausen wurden meines Wissens eingeführt, damit die Arbeiter etwas essen konnten, sodass sie nicht umkippten, sondern weiterarbeiten konnten. Damals waren Zwölf-

Stunden-Tage vollkommen normal, und die schwere Arbeit erforderte einen irgendwie funktionstüchtigen Körper. Das ist einzusehen.

Nicht aber, dass heutzutage noch auf Pausen bestanden wird. Warum nicht nebenbei vor dem Bildschirm essen? Das stört doch niemanden.

Ich kenne einen Arzt, der sein trockenes Brötchen in der Kitteltasche mit sich herumträgt und ab und zu auf dem Weg von seinem Arztzimmer zu Station 1 oder 7 hineinbeißt. Respekt! So geht es auch. Natürlich muss wegen des schönen Kittels auf Belag verzichtet werden, aber Verzicht ist eine Tugend, finde ich.

Wer vor lauter Konzentration einmal vergisst zu essen, wird wohl auch nicht gleich vom Fleisch oder vom Schreibtischstuhl fallen, oder? Im Gegenteil, wenn jemand so sehr bei der Sache ist, dass Essen und Schlafen auf der Bedürfnisskala ganz nach unten rutschen, macht dieser Mann doch alles richtig. Wer wollte so jemandem einen Vorwurf machen?

Wenn Sie in den Unterzucker kommen, sich schwach und schwindelig fühlen, schieben Sie sich halt einen Müsliriegel rein, dafür müssen Sie doch nicht Ihre Arbeit niederlegen, in einen Pausenraum gehen und sich dort auf Ihren hübschen Hintern setzen, um zum Beispiel Löcher in die Luft zu gucken. Das bringt doch nichts, das lenkt doch nur ab und stört die Konzentration.

Nein, ich habe wirklich keinerlei Verständnis für so ein

Verhalten. Zumal Pausen tatsächlich gefährlich sind. Sie könnten ein paar Minuten lang tun, was Ihnen gerade gefällt, und wo führt das hin? Genau, in den Spannungsabfall, in die Erholung und Regeneration. Unterschätzen Sie das nie! Nur einen Moment verlassen Sie Ihre berufliche Rolle, sind Sie selbst und gehen Ihren Bedürfnissen nach, ein Kaffee, eine Zeitung, ein Schwätzchen mit den Kollegen, und schon fühlen Sie sich wieder frisch und haben neuen Schwung.

Sie sollen aber mit dem alten Schwung weitermachen! Keine Pausen, geht das hinein in Ihren Dickschädel? Keine Entspannung, kein Runterkommen, oben bleiben, das hatten wir uns doch vorgenommen, immer schön oben bleiben in der Spannungskurve!

Menschen brauchen Pausen, um leistungsfähig zu bleiben. Menschen ja, Sie aber nicht.

Sie sind doch etwas Besonderes, habe ich gedacht!

Deshalb ist es ja auch so wichtig, dass Sie Ihr Diensthandy immer anlassen, dass Sie auch im Urlaub Ihre Mails nicht nur checken, sondern auch sorgfältig beantworten. Sonst entstehen doch nur weitere und längere Pausen!

Es ist zum Verzweifeln, Pausen lauern überall, sogar in den Waschräumen der Betriebe.

Ach, die gesetzlich vorgeschriebenen Pausen, jetzt kommen Sie damit an. Halten Sie sich denn sonst auch an alle Gesetze? Ja? Und was ist mit Ihren Punkten in Flensburg und mit Ihrer Steuererklärung? Also.

Als Arbeitnehmer dürfen Sie die Gesetze ruhig mal ein wenig großzügig auslegen. Da sterben Sie nicht gleich dran. Pausen werden doch sowieso ständig überzogen. Da nimmt man es plötzlich gar nicht so genau. Hier wird noch schnell fertig geraucht, da noch einmal abgebissen, dort noch einmal zur Toilette gegangen. Damit entstehen Millionenschäden. Sekunden und ganze Minuten werden geklaut, heimtückisch unterschlagen und veruntreut. Schämen Sie sich!

Exkurs: *Liebe Raucherinnen und Raucher!*

Von mir aus können Sie so viel rauchen, wie Sie wollen. Zünden Sie sich gleich noch eine an, von mir aus. Ist mir schnurzpiepegal. Rauchen Sie, das ist auch ein Beitrag zum Bruttosozialprodukt.

ABER GEFÄLLIGST NICHT IN IHRER ARBEITSZEIT!!! Das sind Zusatzpausen, das sind kleine Nischen, in denen Sie durchschnaufen (haha) und die Seele baumeln lassen. Das ist Auszeit, fatale Entspannung und jedem vernünftigen Burnout abträglich! Andere müssen in der Zeit Ihre Arbeit mit erledigen, und Sie machen sich mit Nikotin glücklich! Das ist abstoßend!

In den meisten Betrieben wird das mittlerweile unterbunden. In Krankenhäusern und öffentlichen Einrichtungen sowieso. Oder die Mitarbeiter müssen wahre Gewaltmärsche zu ausgewiesenen Raucherecken zurücklegen oder sich in merkwürdige Zellen zurückziehen, die jede Rauchpause zu einem Gefängnisaufenthalt machen.

Strafe muss sein.

Irgendwelche Psychoheinis empfehlen ja den Nichtrauchern, sich ihre Pausen anderswie zu gönnen und zu verschaffen. Eine Tasse Kaffee, ein Telefonat mit dem gerade angesagten Liebsten, ein Spaziergang zur Toilette zwei Stockwerke weiter oben mit Schwenk ins Büro von Frau XY, die immer so nett ist und ein Glas Bonbons auf dem Tisch stehen hat.

Geht's noch? Und wer denkt in der Zeit noch an die armen Kollegen, die weiterarbeiten? An die Renditeziele? An das Unternehmen und die Familie, dem es gehört? An die armen Kranken, die in der Zeit unversorgt daliegen und um Hilfe rufen? An die Schüler, die sich selbst überlassen sind anstatt gefördert und aufs Leben vorbereitet zu werden?

Hören Sie einfach nicht auf solche Ratschläge. Hören Sie auf mich. Und ich sage Ihnen, Zusatzpausen sind eine echte Schweinerei. Wenn es nach mir ginge, würden Raucher ihre Rauchpausen doppelt nachsitzen müssen, damit jeder die gleichen Chancen hat.

Wenn Sie nicht mehr in die Pause gehen, sind Sie Ihrer Abteilung ein Vorbild. Die anderen werden ein schlechtes Gewissen kriegen und sich mit der Zeit schwerer tun, die Pausen einzuhalten und dadurch ungut aufzufallen.

Eine Friseurin kann in einer Pause zum Beispiel locker einen Herrenhaarschnitt hinbekommen und steigert damit den Umsatz, sichert das Überleben des Unternehmens und den Arbeitsplatz der Kolleginnen sowie ihren eigenen.

Was ist dagegen einzuwenden? Vielleicht bekommt sie sogar noch ein stattliches Trinkgeld von einem Euro obendrauf. Diese Kollegin hingegen, die auf ihren tariflich festgeschriebenen Rechten herumreitet und vielleicht sogar den Laden verlässt, um eine Runde um den Block zu gehen, handelt egoistisch und rücksichtslos. Das ist meine Meinung. Die müssen Sie nicht teilen, Sie GEWERKSCHAFTSFUZZI! Aber lesen Sie wenigstens, was ich Ihnen im Folgenden zu sagen habe.

5. ARBEITGEBER GEBEN, ARBEITNEHMER NEHMEN – EIN WORT AN DIE GEWERKSCHAFTEN

Ja, ja, sehr verehrte Damen und Herren der Gewerkschaft.

Allzeit bereit im Kampf für Arbeitnehmerrechte, nicht wahr? Und auf die Straße und demonstrieren und Lieder singen und in Talkshows Reden schwingen, auf, auf!

Meine Güte, Sie sind so was von old school, merken Sie das gar nicht? Aber ruinieren Sie ruhig weiter jene Unternehmen, die uneigennützig für Arbeitsplätze und für unseren Wohlstand sorgen. Untergraben Sie unser Gemeinwesen und die Motivation hart arbeitender Menschen mit Ihrem Tarifrecht, Ihren Streiks, Ihrer Wochenarbeitszeit, Ihren Zuschlägen und Ihren PAUSEN. Sie werden schon sehen, was Sie davon haben.

Wir werden jedenfalls keine Freunde.

Ich könnte heulen, wenn ich daran denke, wie Sie rechtschaffene Arbeitgeber, die nichts anderes im Sinn haben, als für „ihre Leute", also ihr Humankapital zu sorgen, diskreditieren. Pfui Teufel. Die wollen das Beste für uns alle, und Sie? Sie fangen mit Pausen an und hören irgendwo auf, kein Mensch weiß, wann Sie jemals zufrieden sein werden. Wahrscheinlich erst, wenn es den Sozialismus wieder gibt, die Mauer, die Stasi, die Pappautos und die schlimmen Klamotten.

Arbeitgeber GEBEN etwas, Arbeitnehmer können nur NEHMEN.

Logisch, oder?

Wer sich Burnout auf die Fahnen schreibt, hält sich besser fern von Arbeitnehmerorganisationen und Betriebsräten. Mehr will ich gar nicht dazu sagen. Sonst setze ich mich zu sehr in die Nesseln.

Viele Unternehmen haben das Prinzip bereits verstanden und wehren sich gegen Mitarbeiter, die sich organisieren wollen. Zu Recht, wenn Sie mich fragen. Ich habe großen Respekt vor den Leistungen, die da von Betriebsdetektiven und misstrauischen Vorgesetzten vollbracht werden. Wussten Sie, dass es Seminare für Führungskräfte darüber gibt, wie man unliebsame Mitarbeiter drangsaliert und aus dem Unternehmen herausekelt? Das nenne ich Engagement! Und die haben Anwälte, die sind mit allen Wassern gewaschen, da können Sie einpacken, liebe arbeitnehmende Leserinnen und Leser. Machen Sie sich also nichts vor.

Exkurs: *Meckern, nicht kämpfen!*

Lassen Sie es lieber gleich bleiben, das Kämpfen. Und schließen Sie niemals eine Rechtsschutzversicherung ab, hören Sie? Bringt doch nichts. Schon mal was von Don Quichotte gehört? Windmühlen, sage ich Ihnen, Windmühlen.

Resignieren Sie.

Mag sein, dass Sie im Recht sind, aber das interessiert niemanden. Schon gar nicht die Mäuler, die Sie zu Hause zu stopfen haben, oder die Bank, die Ihnen diesen großzügigen Kredit für Ihr Häuschen gegeben hat.

Also schauen Sie besser nicht nach links und nach rechts, verbrüdern Sie sich mit niemandem, werden Sie kein Mitglied, lassen Sie sich nicht aufstellen, unterschreiben Sie keine Aufrufe, gehen Sie nicht demonstrieren, streiken Sie nicht, riskieren Sie nichts, bestehen Sie nicht auf Ihrem Recht.

Halten Sie einfach die Schnauze und widmen sich lieber Ihrem kleinen, persönlichen Unglück. Dann passiert auch nichts. Dann verändert sich auch nichts.

Und Ihnen bleibt ja immer noch Ihr Burnout! Ist doch toll!

Statt zu kämpfen, empfehle ich tägliches, ununterbrochenes Meckern, Schimpfen, Jammern und Klagen. Nutzen Sie jede Gelegenheit dazu.

Jemand grüßt Sie freundlich? Sie verziehen keine Miene und erzählen anschließend einer Kollegin, dass dieser Schleimer heute mal wieder auf gut Wetter macht.

Sie haben endlich die neue Stelle genehmigt bekommen? Beklagen Sie die Personalauswahl und den Zeitpunkt, ist doch jetzt eh schon zu spät und egal.

In der Kantine gibt es Ihr Lieblingsessen? Warum so selten und meistens, wenn Sie im Urlaub sind?

Beschweren Sie sich pausenlos, aber nie bei den richtigen Ansprechpartnern, sondern hinter vorgehaltener Hand. Streuen Sie Klagen in Ihr Team. Machen Sie deutlich, dass Sie das ärmste Schwein im schlimmsten Unternehmen mit den hirnlosesten Vorgesetzten und größten Vollidioten als Kollegen sind.

Sie finden alles ungerecht und gemein.

Wenn sich Ihnen irgendjemand in den Weg stellt, durch ein Lächeln zum Beispiel, eine zur Schau gestellte gute Laune, ein „Ist doch gar nicht so schlimm", putzen Sie das weg und bringen Sie diesen Jemand zum Schweigen.

Versuchen Sie, Ihre miese Stimmung missionarisch zu verbreiten. Wenn Sie keine Hemmungen haben und sich absolut im Recht fühlen, haben Sie nichts zu befürchten. Schlechte Laune steckt an. Mit der Zeit werden Sie das Klima vergiften, und Ihre Mühe wird reiche Früchte tragen, wenn Sie die Sache konsequent durchziehen.

Ich habe Teams erlebt, in denen es praktisch verboten war zu lachen. Oder jemanden zu mögen. Oder irgendwie gern zur Arbeit zu gehen.

Dranbleiben, weitermeckern, weiterjammern, es findet sich immer ein Anlass. Und wenn es nur dieses Tischbein ist, an dem Sie sich schon wieder gestoßen haben, weil dieser verdammte Tisch da hingestellt wurde, weil die Mitarbeiter nämlich jedem hier egal sind und weil man Sie loswerden will und weil und weil und weil.

Alles wurde schon versucht, alles haben Sie schon gehabt, nichts hat etwas genützt, nichts etwas gebracht, alles ist sinnlos, hoffnungslos, und das wird für alle Zeiten auch so bleiben.

Wer das nicht einsieht, ist ein nützlicher Idiot oder wahrscheinlich der Liebling vom Chef, jedenfalls ist er Ihr Feind.

Die werden alle noch sehen, dass Sie recht haben! Aber dann ist es zu spät, dann brauchen die auch nicht anzukommen und sich bei Ihnen auszuheulen.

Verstehen Sie, es ist ganz einfach.

Der nächste Punkt wird Sie in diesem Vorgehen zusätzlich unterstützen.

6. GEFÜHLE ZEIGEN – NEID

Neid ist ein Geschenk des Himmels. Neid hat eine beeindruckend zerstörerische Kraft. Neid ist ein hoch potentes Gift und ein ständig mutierender Virus. Im Neid liegt so manche Chance verborgen, und wir wollen das natürlich für unser Projekt nutzen.

Denken Sie nur mal an die Piloten, die ihre eigene Gewerkschaft haben und immer zur Ferienzeit streiken. Diese Herren, diese Schnösel in ihren schicken Uniformen, die dürfen Flugzeuge fliegen und Stewardessen vögeln, also bitte, warum streiken die? Das geht mir nicht in den Kopf. Das ist das Letzte.

Merken Sie was? Es ist wirklich effektiv, sich über andere aufzuregen, die es ein wenig besser haben.

Auch über Ärzte zum Beispiel. Ärzte-Bashing ist total modern. Schon mal aufgefallen? Die verdienen zu viel, die sind reich! Es gibt zwar genügend andere Menschen, die auch reich, sogar sehr, sehr viel reicher sind und die gar nichts, überhaupt nichts dafür arbeiten, aber Ärzte sind einfach die schlimmsten Blutsauger, wenn Sie Ihre einhundert Jahre Ausbildung und Knechtschaft einmal hinter sich haben. Finden Sie nicht?

Dann suchen Sie sich eine andere Berufsgruppe aus, die Ihnen richtig auf den Zeiger geht. Wie wäre es mit Ihrem Klempner? Verlangt der nicht eine unverschämte Summe für sein Herumgebastel an Ihrer Heizung am 25. Dezember morgens um acht?

Oder die Lehrer, diese Ferienspezialisten. Zwölf Wochen im Jahr frei, und dann jammern sie noch über 35 Schüler in der Klasse, die kein Deutsch können oder kriminell sind oder psychisch gestört oder rechtsradikal oder alles zusammen.

Also bevor Sie in Versuchung kommen, sich mit anderen zu solidarisieren, beneiden Sie doch lieber diese anderen!

Neid ist gut, Neid frisst.

Neid macht ein schlechtes Lebensgefühl.

Was man hat, macht keine Freude mehr.

Oder schreien Sie noch Juhu über Ihren Urlaub an der Ostsee, wenn Ihr Kollege auf die Malediven fliegt? Tatsächlich? Das sollten Sie nicht. Sie sollten diesen Mann beneiden, genau wie diese blöde Kuh aus der Abteilung nebenan, die sich jetzt dieses Cabrio gekauft hat und schon ein Pferd besitzt. Wer braucht ein Pferd? Und welcher rechtschaffene Mensch kann sich eines leisten?

Am schlimmsten sind die Halbtagskräfte! Die gehen nach Hause, wenn Sie noch dableiben müssen! Die erlauben sich das einfach! Da darf man wenigstens den einen oder anderen Kommentar ablassen, oder? Tun Sie so, als würden diese Kolleginnen das volle Gehalt für die halbe Leistung bekommen und als würden sie alle anderen jeden Tag mit einem Haufen Arbeit sitzen lassen.

„Dein Leben möchte ich haben!"

Das reicht oft schon, wenn der Ton entsprechend vorwurfsvoll und geringschätzig ist.

Aber warum bei den Teilzeitkräften aufhören, wenn man bei den Kranken weitermachen kann? Das wird Ihnen vielleicht komisch vorkommen, aber ja, auch eine schlimme Krankheit kann zu Neid und Missgunst beitragen. Bleiben die doch monatelang zu Hause und machen anschließend Kuren im Allgäu oder an der Nordsee! Die bekommen einen Schwerbehindertenausweis und mehr Urlaubstage und alles, da würden Sie doch auch gerne ein Bein dafür hergeben, oder etwa nicht?

Originalton einer Mitarbeiterin zur Krankmeldung ihrer Kollegin am Telefon: „Na toll. Ich muss mir auch mal wieder eine schöne Grippe anschaffen."

Sehr gut!

Rechnen Sie auch mit solchen Äußerungen, wenn Sie so weit sind und endlich einen erstklassigen Burnout hingelegt haben. Daran werden Sie merken, dass Sie es geschafft haben. Man wird *Burnout* immer ein wenig spöttisch oder mit Anführungszeichen sagen und dabei mit den Augen rollen. Burnout schafft eben nicht jeder.

Nur wer etwas erreicht hat, wird beneidet!

Es reicht aber nicht, neidisch zu sein, Sie müssen Ihren Neid auch in aller Deutlichkeit zum Ausdruck bringen. Heißt es nicht immer, man solle seine Gefühle zeigen? Ich bin der gleichen Meinung. Vor allem am Arbeitsplatz. Sie haben ein Recht darauf, sämtliche Gefühlslagen sofort und ungefiltert an Ihre Kollegen heranzutragen. Auch an die Vorgesetzten, vor allem an Untergebene, alle sollen Bescheid wissen, was in Ihnen vorgeht. Das kann Ihnen niemand nehmen.

Das Schöne ist, die können nicht weg! Verstehen Sie? Die müssen sich das Tag für Tag antun, dass Sie Weinkrämpfe kriegen und Tobsuchtsanfälle und wie Sie von Ihren Emotionen nur so hin und her geworfen werden. Bringen Sie ruhig auch welche von zu Hause mit. Umso besser! Lassen Sie es raus! Heftig, dramatisch und unkontrolliert!

Und zeigen Sie es ganz besonders, wenn Sie neidisch sind. Wenn Sie jemandem etwas missgönnen. Machen Sie es nieder, hacken Sie darauf herum. Das macht unsympathisch und einsam. Die Malediven sind stinklangweilig, nur Schnösel fahren Cabrio, und Reiten ist Tierquälerei.

7. LIEBE UND MITGEFÜHL – LEGITIME WÜNSCHE AN IHRE VORGESETZTEN

Jetzt wissen Sie wirklich schon eine Menge darüber, welche entscheidenden Weichen Sie im Job stellen und wie Sie Ihren Burnout effektiv voranbringen können. Es gibt so viel zu tun. Vielleicht hatten Sie die Anstrengungen ein wenig unterschätzt, die geleistet werden müssen. Kein Grund zu verzagen.

Jetzt wird es allerdings noch schwieriger. Wir kommen auf das Thema Übertragung zurück.

Wenn Sie gut aufgepasst haben (und das will ich Ihnen geraten haben), dann wissen Sie, dass ein Unternehmen Übertragungsphänomene gezielt einsetzen kann, um bedürftige und anfällige Mitarbeiter zu Höchstleistungen anzuspornen. Das hatten wir schon, das ist für Sie und mich nichts Neues mehr.

Aber in diesem Kapitel sind Sie jetzt selbst gefragt. Ich rate Ihnen, sich auf die Suche zu machen. Wer könnte sich für Sie als Übertragungsfigur eignen? Ihr Abteilungsleiter,

Ihr Geschäftsführer, Ihre Stationsleitung, Ihr Direktor? An wen könnten Sie intensive Wünsche infantiler Natur richten?

Wichtig ist, dass diese Wünsche zum Scheitern verurteilt sind, dass Sie aber dennoch den Kampf aufnehmen und umso mehr Leidenschaft entwickeln, je aussichtsloser das Unterfangen ist. Es muss doch möglich sein, diesen Menschen, an den Sie Ihre unerfüllten kindlichen Wünsche richten, zu einem idealen Elternteil zu machen, kruzifix noch mal!

Versuchen Sie, diesen idealen, verständnisvollen, wertschätzenden, uneingeschränkt verfügbaren und stets loyalen Elternteil in Ihrem Vorgesetzten herauszuformen. Und auch wenn Sie es schon mehrmals deutlich zu spüren bekommen haben, dass daraus nichts werden wird, lassen Sie nicht locker. Trotziges Beharren, wütendes Toben werden helfen, weinen, schweigen, ignorieren, anflehen, beleidigt sein und beleidigen. Irgendwie und irgendwann muss es klappen! Wenn Sie nicht aufgeben, werden Sie Ihren Chef oder Ihre Chefin schon erziehen, und zwar zu dem Vater und zu der Mutter, die Sie sich immer gewünscht haben.

Vorgesetzte sind grundsätzlich dafür da, ihren Untergebenen emotional das zu geben, was sie brauchen, das ist meine Meinung. Und Sie brauchen eben Liebe! Mitgefühl! Geborgenheit! Sie wollen einfach nur gesehen werden! Gehen Sie davon aus, dass das Ihr angestammtes Recht ist und dass dieser auserwählte Mensch zu nichts anderem im Unternehmen und auf der Welt ist, als das Kind in Ihnen endlich zufriedenzustellen und glücklich zu machen.

Er weiß es noch nicht, dieser Mensch, aber Sie sind seine Bestimmung, seine Aufgabe im Leben. Alles andere ist ohne Bedeutung. Ihre Übertragungsfigur hat keine eigenen Wünsche, Ziele und Anliegen zu haben, keine Sorgen, keine Launen, keine Unzulänglichkeiten, keine eigenen Probleme!

Konzentrieren Sie sich täglich auf diese Person. Achten Sie auf kleinste Zeichen, einen Blick, ein Lächeln, ein schroffes Wort, die Art zu grüßen, eine Formulierung in einer E-Mail.

Wichtig ist auch der Umgang Ihrer Übertragungsfigur mit anderen, selbstverständlich vollkommen irrelevanten Menschen. Beäugen Sie eifersüchtig, ob Ihr Chef diesen anderen mehr Aufmerksamkeit schenkt, ob er freundlicher, zugewandter ist. Wenn ja, muss das aufhören!

Schreiben Sie jede kleine Ungerechtigkeit, Missachtung oder Zurückweisung in ein kleines Büchlein, und wenn der Zeitpunkt gekommen ist, knallen Sie das Ihrer Übertragungsfigur (alias Chef oder Chefin) hin und drehen ihr einen Strick daraus. Ihre Beweisführung wird den von Ihnen ausgesuchten und geliebten Menschen überzeugen, es wird ihm wie Schuppen von den Augen fallen: „Ja, natürlich! Sie sind die Mitarbeiterin, die als Einzige meine Zeit, mein Verständnis, meine Zuwendung und Liebe verdient hat! Warum bin ich nicht früher darauf gekommen? Sie tun so viel für mich. Ohne Sie bin ich ein Nichts! Ich lasse alle Termine absagen und werde den Tag nur mit Ihnen verbringen. Erzählen Sie mir von sich und von Ihrer Arbeit. Ab sofort habe ich immer ein offenes Ohr für Sie. Denn nur bei Ihnen fühle ich mich als Mensch und nicht als dieser Vorgesetzte mit all der Verantwortung und der Fassade aus kühler Distanz und Sachlichkeit. Nur bei Ihnen kann ich zeigen, wer ich bin, und mich fallen lassen. ICH LIEBE SIE!"

...

Ach, das halten Sie für unwahrscheinlich?

Sogar für sehr unwahrscheinlich oder praktisch unmöglich?

Und?

Sie müssen nur weiter daran glauben und weiter daran arbeiten. Nur wer positiv denkt, wird das Unmögliche schaffen. Und wenn Sie wollen, können Sie alles erreichen, schon vergessen? Leisten Sie das Außergewöhnliche anstatt Nullachtfünfzehn. Und fangen Sie besser gleich damit an, die anderen sind auch nicht auf der Brennsuppe dahergeschwommen. Die warten nicht darauf, dass Sie endlich in die Gänge kommen. Die schnappen Ihnen alles weg, was Ihre Eltern, äh ich meine Ihre Übertragungsfiguren zu geben haben. Das hält sich ohnehin sehr in Grenzen, so viel kann ich Ihnen schon verraten.

Verhalten Sie sich fordernd und geben Sie niemals auf und niemals klein bei. Wenn Sie das eine Weile so praktizieren, wird zum Glück ein Selbstläufer daraus, ein Perpetuum mobile, und das geht so: Die auserwählte Person wird sich zunächst geschmeichelt fühlen, falls Sie gut aussehen, jung, klug, eloquent oder zumindest erfolgreich und umsatzstark sind. Alle anderen bitte erst einmal hinten anstellen, aber Sie müssen sich auch nicht allzu lange grämen, glauben Sie mir. Denn das lässt rasch nach, diese vorläufige Empfänglichkeit für Übertragungswünsche. Es dauert nicht lange, und das Ganze geht der auserwählten Person gehörig auf den Zeiger. Sie werden mit Ihren Forderungen zur Nervensäge. Ihr Chef wird anfangen, Ihnen aus dem Weg zu gehen, einen Bogen um Sie zu machen. Er wird unerreichbar sein. Leider in einem Meeting, zu Tisch oder auf Dienstreise! Ihre Mails bleiben unbeantwortet, Ihre Eingaben, so zahlreich sie auch sein mögen, Ihre Anfragen und Beschwerden, Ihre Gesuche um ein persönliches Gespräch, die Antwort wird immer öfter NEIN lauten. Einige dieser Übertragungsfiguren werden autoritär und abweisend reagieren, andere Flucht und Verstecken vorziehen, je nach Persönlichkeit.

Warum?

Kein Mensch will zu einem idealen Elternteil von irgendwem gemacht werden! (Außer vielleicht von den eigenen Kindern oder, wenn es hoch kommt, noch in der Partnerschaft, aber da auch nur, weil es ein gegenseitiges Gentleman's Agreement gibt, und das alles ist auf jeden Fall anstrengend und nervenaufreibend genug und außerdem aussichtslos.)

Das werden Sie zu spüren kriegen, mit der Zeit immer deutlicher, und dann heißt es: Jetzt erst recht! Weiterkämpfen!

Das Kind in Ihnen hat ein Recht auf Wunscherfüllung, verhelfen Sie ihm zu diesem Recht, und wenn es das Letzte ist, was Sie tun!

Merke:
Die Menschen sind nicht so, wie wir sie haben wollen. Das darf keinesfalls einfach hingenommen werden. Vor allem wenn es um unsere Übertragungsfiguren am Arbeitsplatz geht. Da schon gar nicht!

Exkurs: *Liebe Ärztinnen und Ärzte!*

Gell, Sie können ein Lied davon singen? Von der Übertragung, meine ich. Bekommen Sie nicht ständig zu hören, dass Sie nicht einfühlsam genug sind, dass Sie immer zu wenig Zeit haben, Ihr Personal zu wenig wertschätzen, zu wenig hinter Ihren Leuten stehen, zu wenig Danke sagen, zu wenig freundlich, zugewandt und loyal sind?

Ich kann es Ihnen auch nicht erklären. Ich weiß nicht, ob es der weiße Kittel ist oder schlicht und einfach der Beruf des Heilers und Lebensretters, aber als Arzt ziehen Sie Übertragungen magisch an. Als Herr Doktor sollen Sie immer der bessere Vater, als Frau Doktor die bessere Mutter sein.

Für Ihre Patienten mag das ja noch angehen. Da wollen wir mal nicht so sein. Die liegen hilflos im Bettchen oder kommen ganz krank und leidend in Ihre Praxis, da kann man das ja verstehen.

Aber die Pflegekräfte? Das sind doch gestandene Frauen und Männer, die was draufhaben, was können, den Laden schmeißen und überhaupt keinen Grund haben, sich kleinzumachen!

Tja, aber so ist sie eben, die Übertragung. Das winzige Menschlein in uns ist bedürftig und defizitär, und es fragt nicht nach unseren erwachsenen Kompetenzen. Es fragt nach der Mutter. Oder nach dem Vater.

Und Sie, liebe Ärztinnen und Ärzte, Sie nehmen Reißaus vor solcher emotionaler Bedürftigkeit, stimmt's?

Verschanzen Sie sich ruhig in Ihrem Arztzimmer und sind nicht mehr gesehen. Seien Sie kurz angebunden, barsch und ungeduldig. Dann werden Sie gleich noch mehr Klagen und Beschwerden zu hören bekommen! Toll!

Das macht Ihnen wahrscheinlich Schuldgefühle, zumindest den sensibleren Naturen unter Ihnen. Sie WOLLEN ja gute Chefs sein, WOLLEN ja gemocht und anerkannt werden, das geht Ihnen doch auch nicht anders als uns allen, oder?

Schuldgefühle sind wunderbar, glauben Sie mir.

Ach, Sie sitzen gar nicht so gern auf der Anklagebank? Warum nicht, wenn ich fragen darf?

Sie Armer. Sie hatten ja oft genug selber eine berufliche Sozialisation zum Grausen. Sie wurden auch nie gelobt.

Sie bekamen nie ein Wort der Anerkennung, vom Herrn Professor zum Beispiel. Nichts da. Als Assistenzärzte wurden Sie als minderwertige Spezies behandelt, irgendetwas zwischen Knecht und Grundschüler. Ich kannte einen Oberarzt, der die Rechtschreib- und Kommafehler in Arztbriefen korrigiert hat. Mit Rotstift! Und wenn sich seine Schüler mal einen Fehler erlaubt haben, da gab es aber richtig eins hinter die Ohren, notfalls vor versammelter Mannschaft, Patienten eingeschlossen!

Und schließlich, wenn Sie dann endlich eine Praxis haben oder ein paar Privatpatienten, werden Sie in den Medien gedisst und gebasht, bis Sie gar nicht mehr wissen, warum Sie Arzt geworden sind.

Weiß ich auch nicht.

Es ist jedenfalls zum Heulen.

Und ausgerechnet Sie sollen dann für alle anderen im Krankenhaus super Übertragungsfiguren sein?

Das geht mir nicht in den Kopf.

Aber sehen Sie, das ist ja auch eine Chance. Ich halte viel von Ihrem Berufsstand, wirklich, das meine ich vollkommen ernst. Sie sind viel besser als Ihr Ruf. Hoffentlich lesen einige von Ihnen dieses Buch und schließen sich uns an. Ein Arzt oder eine Ärztin mit einem Burnout ist immer etwas Besonderes. Sie werden wenig Mitleid ernten und müssen Ihr Leiden lange im Verborgenen halten, bevor Sie in eine Privatklinik gehen, in der Sie auf unzählige andere Opfer aus Ihrem Berufsstand treffen.

Ich will Ärzte als Berufsgruppe auch keinesfalls einseitig oder übertrieben darstellen, aber wissen Sie, liebe Ärzte, sonst verstehen es meine Leser doch nicht. Das sind Überzeichnungen, die der Veranschaulichung dienen. Ich habe Sie doch gern, liebe Ärzte, und bin froh, dass Sie hier bei uns sind. Kommen Sie nur her, setzen Sie sich dazu! Hören Sie einfach zu, fühlen Sie sich wohl bei uns und lesen Sie weiter. Vielleicht liegt auch für Sie eine Chance im Burnout. Wäre es nicht wunderbar, einmal schwach zu sein und BEHANDLUNGSBEDÜRFTIG? Stellen Sie sich das doch einmal vor!

8. SCHWIERIGKEITEN SUCHEN, LÖSUNGEN VERMEIDEN

Bisher haben Sie sich wahrscheinlich die Rosinen herausgepickt und den ganzen großen Kuchen an ungeliebten Aufgaben, Verantwortungsbereichen und Zuständigkeiten stehen gelassen. Sie haben den Weg des geringsten Widerstandes gewählt und die dünnsten Bretter gebohrt.

Ist es nicht so?

Mir können Sie es doch sagen. Wir kennen uns doch jetzt schon eine Weile. Schauen Sie der Wahrheit ins Gesicht, nur dann können Sie das Ruder noch herumreißen und etwas verändern.

In Zukunft gilt: Sie überlassen die Rosinen den anderen und forschen nach den lästigen, unbeliebten und schwierigen Aufgaben. Schwierigkeiten werden zu Ihren neuen Rosinen.

Auf Ihrer Station gibt es ein besonders anspruchsvolles Zimmer, voll von unangenehmen Cholerikern, die mit Gegenständen werfen und Frauen sexuell motiviert begrapschen?

Wunderbar. Sie melden sich freiwillig. Das wäre doch gelacht, wenn Sie mit denen nicht fertigwerden.

Oder Ihr Betrieb hat diesen Kunden, Entschuldigung, aber ein richtiges Arschloch, ein Besserwisser und Erbsenzähler, der sich beschwert, wenn er um zehn Uhr abends niemanden mehr erreicht, und der es einfach nicht einsieht, dass Extra-Leistungen auch extra kosten?

Das wird ab sofort Ihr Kunde sein, Ihre Bürde und Ihr Job! Und Sie wissen ja, auch solche Kunden sind *Könige*. Man darf sie auf keinen Fall gegen sich aufbringen, in die Schranken verweisen oder vergrätzen. Das wäre eine absolute Katastrophe. Also hinauf auf das Drahtseil und angetreten zum Ritt auf der Rasierklinge!

Ach ja, und dieses elende Projekt, das keiner haben will, weil es unweigerlich zum Scheitern verurteilt ist, das aber leider dieses Lieblingsding vom Chefchef ist und jeden den Job kosten wird, der es an die Wand fährt.

Sie machen das!

Und übrigens gerne auch alles zusammen! Heißt: Sie übernehmen das Zimmer mit den Cholerikern, den Kunden mit dem Worst-Customer-Award und das Katastrophenprojekt.

Schluss damit, sich durchzuwurschteln. Lorbeeren sind mit gutem Durchschnitt oder business as usual nicht zu verdienen.

Achten Sie bitte darauf, dass es sich um unlösbare Aufgaben handelt. Wir wollen Erfolg vermeiden, oder nicht? Das würde Ihr Selbstbewusstsein und Ihren Stand im Unternehmen unnötig festigen.

Sie sollen doch nur GLAUBEN, dass Sie es schaffen können. Sie sollen der größenwahnsinnigen Idee anheimfallen, dass die Schwierigkeit gerade speziell auf Sie gewartet hat, weil Sie so außergewöhnlich kompetent und erfahren sind.

Unlösbare Aufgaben erkennen Sie daran, dass sich schon etliche andere erfahrene, vertrauenswürdige Fachkräfte erfolglos daran versucht haben. Wenn alle gescheitert sind, dann ist Ihre Stunde gekommen, um die Sache zu einem guten Ende zu bringen. Denn Sie sind quasi auserwählt, Sie werden das Ding wuppen, wenn Sie sich genügend anstrengen, sich keine Pause gönnen und mit der notwendigen Opferbereitschaft an die Sache herangehen. Dazu gehört leider, dass Sie private Zeit einbringen, sich auch in Ihrer Freizeit intensiv weiterbilden und gefälligst ständig darüber nachgrübeln, was Sie noch alles versuchen könnten.

Lösungen sind überbewertet. Der Weg ist das Ziel.

Lösungen sind nicht selten destruktiver Natur; ist Ihnen das schon einmal aufgefallen? Am Ende würden Sie sich distanziert und sachlich gegenüber Ihren schlimmsten Patienten verhalten und sich nie mehr begrapschen lassen. Sie würden Ihren Kunden Grenzen setzen, Sie frustrieren und enttäuschen, wäre das nicht grauenhaft? Sie würden ganze Projekte aufgeben und in den Keller verfrachten, wo sie niemals wieder aufzufinden sein werden. Stellen Sie sich das einmal vor!

Also hüten Sie sich vor Lösungen.

Suchen Sie Schwierigkeiten, die über Lösungen erhaben sind. Und arbeiten Sie sich an denen ab. Auch wenn das sinnlos, kräftezehrend und deprimierend erscheint. Denken Sie an den Lohn Ihrer Arbeit.

Nein, das wird kein Dankeschön, keine Prämie und kein „Great Job!" Ihres Chefs sein.

Der Lohn Ihrer Anstrengungen wird diese köstliche Erschöpfung sein, diese Resignation und Hoffnungslosigkeit, vor der Sie die Waffen strecken und kapitulieren werden, man nennt sie im Volksmund auch *Burnout*.

9. LACHEN, SPASS UND GUTE LAUNE – UNWÜRDIGE VERDRÄNGUNG

Glauben Sie, dass Arbeit Spaß machen kann? Oder sogar sollte? Wirklich?

Ich nicht.

Ich glaube, Arbeit ist eine Folge der Vertreibung des Menschen aus dem Paradies. Unsere Bürde und wohlverdiente Strafe. Arbeit ist unsere Zumutung, die wir demütig und leidend, mit allem gebotenen Ernst, mit Verbissenheit und entsprechendem Gesichtsausdruck zu verrichten haben.

Arbeit hat freudlos zu sein. Spaßfreie Zone sozusagen.

NO SMILE AREA.

Sonst würden Sie ehrlich gesagt das viele Geld, das Sie jeden Monat auf Ihr Konto bekommen, gar nicht verdienen. Wer wird schon für ein bisschen Spaß entlohnt?

Spaß hat an Ihrem Arbeitsplatz nichts zu suchen.

Kennen Sie auch diese notorisch gut gelaunten Kollegen, die immer ein Lächeln auf den Lippen haben und für jeden ein freundliches Wort? Macht Sie das nicht auch irgendwie wütend? Dieses Gackern und Herumalbern der Kolleginnen, grauenhaft, nicht wahr? Glauben die sich das eigentlich selbst? Es soll *Freude* bereiten, sich an die Arbeit zu machen und Aufgaben zu bewältigen, die einem irgendwer gestellt hat, den man für ein Rindvieh hält? Es soll so eine innere Befriedigung verschaffen, am Ende des Tages etwas vollbracht zu haben?

Pf …

Wer seine Aufgabe und die damit verbundenen Schwierigkeiten und Belastungen nicht ernst nimmt, soll doch zu Hause bleiben, das ist meine Meinung. Ich sage Ihnen was: Diese ganze gute Laune ist nichts weiter als Verdrängung und Verleugnung und damit eines reifen, intelligenten Menschen unwürdig.

Aber es gibt sie halt, diese Kollegen, die das Joch, in das sie täglich eingespannt sind, gar nicht mehr spüren. Die vor dem Elend des arbeitenden Menschen die Augen verschließen. Sollen sie! Seid nur weiterhin nützliche, aber fröhliche Idioten!

Wir machen da nicht mit. Wir wollen nicht verdrängen. Wir wollen uns der Tragik unserer Existenz jede Sekunde bewusst sein und die Schwere des Jochs niemals vergessen. Wir blenden keine Realitäten aus und leben auch nicht in einer Scheinwelt!

Denken Sie immer daran: Arbeit hält Sie von etwas ab, das Sie eigentlich gerade tun möchten. Arbeit versaut Ihnen jeden einzelnen Tag. Arbeit hindert Sie daran, auszuschlafen. Ist das nicht an sich schon Grund genug, die Mundwinkel nach unten zu ziehen?

Ich finde schon.

Arbeit verlangt uns alles ab, saugt uns regelrecht aus, was also gibt es da zu lachen?

Gar nichts.

Halten Sie sich fern von scherzenden Mitarbeitern. Denen wird ihr Lachen auch noch vergehen. Bis dahin dürfen Sie sich nicht anstecken oder hineinziehen lassen in diese oberflächliche Fröhlichkeit. DAS ist die unerträgliche Leichtigkeit des Seins, wenn Sie mich fragen.

WIR nehmen unsere Arbeit nicht leicht, sondern ernst, und darauf dürfen wir uns ruhig etwas einbilden. Unsere miese Laune ist der sichere Beweis dafür, dass WIR die Elite und die anderen das Volk sind. WIR können es uns eben nicht leisten, etwas lustig zu finden, denn WIR tragen die Verantwortung, sind zuständig und halten im Zweifelsfall für die anderen den Kopf hin. So sieht es nämlich aus! WIR baden das am Ende aus, wenn die anderen Spaß an ihrer Arbeit haben und eine Runde herumalbern.

Aber verzweifeln Sie nicht, meine lieben Leserinnen und Leser. Sie werden es schon hinbekommen, dass Ihren Kollegen das Lachen im Halse stecken bleibt. Sie geben prima Spielverderber ab mit diesem verkniffenen Mund, den hochgezogenen Augenbrauen und der Verachtung im Blick. Das sollen die sich erst einmal trauen, dann noch gut gelaunt zu sein.

Die Stimmung wird schon ein wenig schlechter, merken Sie das?

Die knicken ein!!!

KAPITEL VII:

PRIVATE STÖRFAKTOREN – IDENTIFIZIEREN UND ELIMINIEREN

Sie fahren Schlittschuh auf einem gerade erst zugefrorenen See. Die Landschaft ist bezaubernd, die Eisfläche glasklar und unberührt. Unter dem Eis der sandige Grund, die Wasserpflanzen, eine Märchenwelt. Sie gleiten mühelos dahin, zu hören ist allein dieses tiefe, erotische Kratzgeräusch der Kufen.

Ein Gefühl, losgelöst zu sein von allem.

Herrlich!

Und dann: pflatsch. Eingebrochen.

So schnell geht das nämlich.

Denn es gibt Strömungen, Einleitungen wärmeren Wassers, Unregelmäßigkeiten in der Dicke der Eisschicht.

Diese „Unregelmäßigkeiten" verdienen unsere ganze Aufmerksamkeit. Wie bleiben wir trocken und wie umfahren wir die gefährlichen Stellen?

Wir haben ausführlich über die Möglichkeiten an Ihrem Arbeitsplatz gesprochen. Aber nun blicken wir in unseren privaten Bereich, nach Hause. Wir kehren vor unserer eigenen Tür. Im Job machen Sie jetzt alles richtig, aber das reicht nicht, tut mir leid. Zu Hause lauern Gefahren. Wenn Sie zu Hause nicht auf sich aufpassen, könnten Sie einbrechen und Ihren schönen Burnout total vermasseln. Wäre das nicht tragisch?

Sie leisten beruflich so viel, bringen so viele Opfer, und dann achten Sie privat nicht auf die Risiken, und schon gibt das Eis nach?

Ich werde Ihnen im Anschluss wertvolle Tipps und Hinweise geben, wie Sie in Ihrem persönlichen Bereich und in Ihrer sogenannten *Freizeit* Ihren Burnout unterstützen, beschleunigen und verfeinern können. Wenn schon, denn schon, meine Lieben! Nicht auf halber Strecke stehen bleiben und sich mit dem Erreichten zufriedengeben! Wir sind doch aus anderem Holz geschnitzt, wir wollen mehr!

Dazu bedarf es einiger Veränderungen in Ihrem Leben.

Machen Sie sich auf etwas gefasst.

Und bitte keine Krokodilstränen!

1. SOZIALE UNTERSTÜTZUNG ODER DIE HÖLLE SIND IMMER DIE ANDEREN

Wir beobachten zum Einstieg eine Elefantenherde in einer Krisensituation. Das Nesthäkchen der Gruppe, ein Elefantenbaby, noch etwas unsicher auf den Beinen, ist in ein Schlammloch gefallen.

Wir werden nun Zeuge eines kleinen Dramas.

Das Elefantenbaby versucht, die Böschung nach oben zu klettern, aber der Boden ist extrem glitschig. Der kleine Racker rutscht immer wieder zurück nach unten und versucht es verzweifelt wieder, schafft es aber nicht, bis er immer schwächer wird, sodass seine Chancen steigen, in diesem Schlammloch elend zugrunde zu gehen.

Aber nicht in einer Elefantenherde!

Ja, Sie ahnen es bereits, die erwachsenen Tiere der Herde kommen an der Unglücksstelle zusammen und leisten Hilfestellung. Sie hieven in Gemeinschaftsarbeit das Elefantenbaby zurück auf festen Boden und stehen dann noch eine Weile herum, analysieren das Geschehen und den Zustand des kleinen Rackers und halten vielleicht noch einen Vortrag über angemessenes Verhalten in der Nähe eines Schlammloches.

Ja, leider, so etwas gibt es auch bei Menschen. Und nicht nur in der Nähe von Schlammlöchern. Die Wissenschaft nennt das „soziale Unterstützung" oder „social support".

Und diese Wissenschaft hat festgestellt, dass soziale Unterstützung ein entscheidender Puffer gegen alle Belastungen des Lebens ist. Eine Art Stoßdämpfer.

Tragfähige Beziehungen, in denen wir uns verstanden und gemocht fühlen, helfen uns dabei, Krisen zu bewältigen und nicht zu verzweifeln. Ob Sie schwer krank sind, ob Sie den Tod eines Angehörigen zu verkraften haben oder eine Scheidung, Sie werden besser zurechtkommen, wenn Sie nicht alleine sind mit Ihrer Ohnmacht, Ihren Sorgen und Ihren Gefühlen.

Merken Sie was? Alarmstufe Rot!

Soziale Beziehungen können uns auf unserem Weg in den Burnout gefährlich werden!

Die anderen rücken uns möglicherweise den Kopf zurecht, machen uns darauf aufmerksam, dass wir uns verändert haben, legen den Finger in die Wunde. Sie sorgen dafür, dass unser Selbstwert außerhalb der Arbeit einiges Futter bekommt und dass die Arbeit insgesamt an Wichtigkeit verliert.

WOLLEN SIE DAS? WIRKLICH?

Bitte schön, von mir aus. Machen Sie nur weiter so. Am Ende stehen Sie ja doch alleine da; ist Ihnen das nicht klar?

Wie war das? DIE HÖLLE SIND IMMER DIE ANDEREN.

Zum Glück gibt es Menschen, die ohnehin nicht viel mit anderen Menschen anfangen können. Die lieber ein bisschen argwöhnisch bleiben, nicht so viel von sich preisgeben, niemanden wirklich an sich heranlassen. Die haben es natürlich leichter. Die haben kapiert, was Sache ist, und kämpfen allein. Wenn es Probleme in der Arbeit gibt, wenn es nicht mehr läuft, wenn die Arbeit zur existenziellen Belastung wird, dann ist niemand da für diese Menschen. Sie können mit niemandem sprechen. Sie sind den Gedanken und Gefühlen in ihrem Kopf, am Feierabend, am Wochenende und in der Nacht ausgeliefert.

Für alle anderen gilt: Akzeptieren Sie endlich die grundsätzliche Einsamkeit des Menschen und befreien Sie sich von Ihren sozialen Kontakten.

Das geht nicht von heute auf morgen, Sie werden sehen, da bilden sich einige Widerstände. Aber ich und nur ich lasse Sie nicht allein. Ich helfe Ihnen. Ich bin Ihr social support. Wenn Sie wirklich wollen! Beweisen Sie das erst mal! Ihre Motivation hat ganz schön nachgelassen, wenn Sie mich fragen. Wenn Sie so weitermachen, schicke ich Sie zurück auf Los. Also reißen Sie sich zusammen.

▷ Aufgepasst! – Partnerschaft und Familie

Ach ja, unsere Lieben zu Hause. Die haben ja so recht. Wir sollten wirklich nicht so viel arbeiten. Nicht mit dem Tablet ins Bett gehen, um noch einmal die Mails zu checken. Nicht vom Abendessen aufstehen, um zu telefonieren. Nicht die Schulaufführung versäumen, das Fußballspiel des Großen, den Elternabend der Kleinen, den Eisprung der Frau (wegen erhöhter sexueller Bereitschaft und Experimentierfreudigkeit). Wir sollten nicht den Sonntagsausflug absagen. Die Kinder zum Weinen, die Frau zum Schreien bringen.

Ach ja. Ich seufze. Ein Bild entsteht vor meinem inneren Auge. Ein Biedermeierbild, die Kinder sitzen rotbackig um einen Holztisch herum, die Mutter reicht – selbstverständlich lächelnd – das Abendbrot, der Vater betrachtet seine Familie mit Stolz und Wohlwollen.

Ich seufze noch tiefer.

Und? Wird Ihnen auch schon ein wenig übel?

Ich warne Sie an dieser Stelle ausdrücklich vor Ihrer Familie und vor Ihren Partnern. Wenn Sie es zulassen, werden diese Menschen Ihre Burnout-Pläne komplett durchkreuzen. Denn stellen Sie sich vor, diese Individuen, die in einer fatalen Schicksalsgemeinschaft mit Ihnen zusammenleben müssen, *mögen* Sie. Die haben irgendeinen Narren an Ihnen gefressen! Warum auch immer.

Ja, es ist traurig. Gerade von diesen Menschen müssen Sie sich distanzieren.

Was?

Wie bitte?

Ich bin taub auf diesem Ohr. Ich kann Sie nicht hööören!

Protestieren Sie etwa?

Das kann ich verstehen. Aber leider nicht dulden. Denn diese Menschen tun Ihnen wirklich nicht gut und halten Sie nur unnötig auf. Vielleicht sind sie neidisch auf das, was Sie erreicht haben, was Sie schaffen können. Ich weiß es nicht.

Ich weiß, dass Sie sich mehr und mehr vor allem von Ihren Partnern fernhalten sollten.

Zuerst sexuell: „Ich bin müde, du hast ja keine Ahnung, was heute wieder los war, und wenn ich deinen Job hätte, wäre mir auch noch nach Sex zumute."

Sollte Ihre Frau in aufreizender Wäsche vor Ihnen auf und ab spazieren, ignorieren Sie das. Dann wird sie damit aufhören. Hört sie nicht damit auf, sagen Sie so etwas wie: „Ja, sehr hübsch, war es das, was du hören wolltest?" Anschließend blicken Sie wieder auf Ihren Bildschirm und geben ein genervtes Geräusch von sich. Sex ist nicht gut für Sie. Ja, da muss ich leider hart bleiben. Und Sie auch. Sex erinnert Sie nämlich an etwas. Nein, ich sage nicht, an was. Lassen wir es da, wo es ist. In Ihrer Vergangenheit!

Dann körperlich: Zucken Sie vor Umarmungen zurück. Erschrecken Sie, wenn Ihr Partner auf dem Sofa die Hand auf Ihre legt. Sie haben schließlich gerade zu tun und gehen die Präsentation für den nächsten Tag noch einmal durch.

Na gut, ein Küsschen sei erlaubt. Aber nur so ein schnelles, spitzes, widerwilliges. Verziehen Sie das Gesicht dabei, um zu demonstrieren, dass Sie das nur dem anderen zuliebe tun. Und dann wenden Sie sich sofort wieder Ihrer eigentlichen Tätigkeit zu, der Vorbereitung Ihrer Dienstreise.

Ihr Partner wird weitere Versuche bleiben lassen.

Alle anderen Küsse sind natürlich tabu. Mit Zunge, das war einmal. Da tauschen Sie sowieso zu viele Bakterien aus, werden krank, können nicht zur Arbeit gehen, und dann? Schon kann Ihr Chef nicht mehr auf Sie zählen und die Kollegen ziehen an Ihnen vorbei.

Schließlich emotional: Ziehen Sie sich zurück. Werden Sie unerreichbar. Sprechen Sie in keinem Fall über Ihr Unglück. Die anderen in Ihrer Familie verstehen Sie sowieso nicht. Nein, wirklich nicht.

Fragen, wie es Ihnen geht, beantworten Sie kurz und abweisend: „Wie soll es mir schon gehen." Oder: „Müde."

Werden Sie darauf angesprochen, dass Sie überarbeitet sind, halten Sie spöttisch dagegen: „Du kannst gerne morgen meine Schicht übernehmen. Aber stell dich darauf ein, dass Frau Schmidt wieder ihre Windel heruntergerissen hat und dass Herr Müller wieder um sich schlägt."

Interessieren Sie sich umgekehrt überhaupt nicht für die Belange Ihrer Familienmitglieder. Der Hund ist krank, der Rasenmäher kaputt und das Kind hat geklaut? Die Probleme möchten Sie haben! Sie sind für 37 Menschen in Ihrer Abteilung verantwortlich und für über drei Millionen Dollar! Also bitte.

Ihre Frau ist von der siebten Klasse mit Tomatenstücken beworfen worden, weil sie eine Stunde zu gesunder Ernährung machen wollte? Sie engagiert sich eben zu sehr für diese Rotznasen, da hätten Sie schon längst andere Saiten aufgezogen!

Und wenn Ihnen schließlich nicht nur das Weinen und Quengeln Ihrer Kinder, sondern auch ihr Lachen, Singen und vergnügtes Kreischen tierisch auf die Nerven geht, haben Sie es geschafft. Denn Kinder erinnern uns auch an etwas. Zum Beispiel daran, was „wirklich wichtig" ist.

Das war ironisch gemeint.

Ihnen muss man ja alles erklären.

Überlassen Sie Ihre Lieben ihrem Schicksal. Die sollen sehen, wo Sie bleiben.

SIE HABEN WAS ANDERES ZU TUN.

Und überdenken Sie bitte die sinnlosen Rituale in Ihrer Familie. Die gehören aufgebrochen. Das sind alte Zöpfe, die Sie nur von wichtigeren Dingen abhalten.

Zum Beispiel die gemeinsamen Mahlzeiten. Wer hat eigentlich gesagt, dass man so etwas braucht? Wenn die anderen ohne Sie zusammensitzen, werden die genauso satt.

Gemeinsam Fußball, *Verbotene Liebe, Stirb langsam* oder *Wetten, dass..?* gucken? Geht's noch? Warum sich mit diesen Oberfächlichkeiten befassen? Am Ende kuschelt sich noch Ihre Frau an Sie heran. Oder Ihr Mann streichelt Ihnen die Füße!

Weihnachten, Nikolaus und Osterhase, stellen Sie das ab oder reduzieren Sie es auf das Nötigste. Ja, auch am 24. Dezember kann man zum Beispiel in Südostasien oder in den Emiraten anrufen, die feiern nämlich kein Weihnachten! Und Entschuldigung, kranke Menschen müssen auch an den Feiertagen versorgt werden.

Wenn Sie die Schichten zu Weihnachten übernommen haben, können Sie gleich Silvester und Neujahr auch noch machen, oder? Damit tun Sie Ihren Kollegen einen Gefallen und kommen selbst nicht in die Versuchung, unterm Weihnachtsbaum leuchtende Kinderaugen zu bestaunen oder sich auf der Silvesterfeier mal wieder mit alten Freunden zu besaufen.

An Ihrem Geburtstag sind Sie nicht da. Am Geburtstag Ihrer Frau auch nicht. Zur Geburt des ersten Kindes auch nicht. Beim zweiten auch nicht. Vergessen Sie Geburtstage. Vergessen Sie Geschenke. Wenn überhaupt, dann tut es ein Parfüm aus dem Duty-free-Shop.

Ich habe Ihnen schon gesagt, von heute auf morgen geht das alles nicht. Und ein schleichender Prozess ist viel besser als ein Paukenschlag. Ihre Lieben sollen es ja nicht gleich merken. Bis Sie sich eines Tages in einer Familienkonferenz wiederfinden, die Ihre Lieben einberufen haben, um Ihnen mitzuteilen, dass Sie in dieser Familie überflüssig geworden sind.

Wiederum gibt es Ausnahmen. Man kann ja nicht sorgfältig genug sein! Deshalb hier der Hinweis: Sollten Sie Ehemänner und Ehefrauen, eventuell auch weitere Verwandtschaft wie Geschwister oder Schwiegereltern haben, die kaltherzig und desinteressiert sind, fordernd und übertrieben bedürftig, aber ganz und gar nicht rücksichtsvoll, wohlwollend oder zugewandt, dann können Sie sich glücklich schätzen! Verlassen Sie diese Menschen nicht! Setzen Sie sich ihren garstigen Zurückweisungen, aggressiven Forderungen und dem offenkundigen Missbrauch Ihrer Zuneigung auch weiterhin aus! Das wird Ihnen sehr helfen. Sie werden das Ziel schneller erreichen als alle anderen. Sie werden wie der Igel sein und dem Hasen zurufen: „Ich bin schon da!"

Um bald eine lupenreine Diagnose zu bekommen: BURNOUT. ENDSTADIUM.

▷ Sogenannte Freunde

Am besten ist, Sie haben gar keine Freunde. Wozu brauchen Sie welche? Wollen Sie sich wirklich so abhängig machen? Von Leuten, mit denen Sie doch eigentlich gar nicht so viel verbindet? Oder sogar überhaupt nichts? Haben Sie sich nicht immer wieder heimlich geärgert? Und war denn wirklich jemand für Sie da, als Sie damals nachts um vier im Vollsuff jemanden zum Reden gebraucht hätten?

Ich halte Freundschaften für vollkommen überschätzt. Sich auszusprechen, sich auszuheulen, ein nettes Wort, eine tröstende Umarmung, mal etwas aus einem anderen Blickwinkel betrachten, ich brauche das alles nicht. Sie?

Und dieses „Ich kann dich ja so gut verstehen!". Einfach lächerlich. Der Mensch ist einsam und sollte es auch sein. Niemand versteht niemanden! Und jeder hat mit seinen eigenen Problemen zu tun. Ich habe es längst aufgegeben, in Cafés zu sitzen und zu schwatzen, am Telefon zu lästern und herumzualbern, abends auszugehen und nach dem zweiten Glas Wein die Probleme der Welt zu lösen und sich am Ende auf der Tanzfläche zum Affen zu machen.

Ich kann Sie nur warnen. Mit Freunden kann man SPASS haben. Da lauert die größte Gefahr. Das ist mit unserem Vorhaben leider unvereinbar.

Verstehen Sie denn nicht, was da läuft? Sie werden abgelenkt, Sie denken gar nicht mehr an Ihre Arbeit, Sie werden am nächsten Morgen zu spät kommen, und dann reißt das ein, und alles geht den Bach hinunter. Freunde verdrehen einem regelrecht den Kopf, die Motivation leidet, das Selbstwertgefühl steigt, na prima, wunderbar! Ich kann Sie doch nicht sehenden Auges ins Unglück rennen lassen!

Aber was rede ich. Es hat ja keinen Sinn, Sie überzeugen zu wollen. Wahrscheinlich müssen Sie Ihre Erfahrungen selbst machen. Ich weiß schon, seit 30 Jahren befreundet, das wollen Sie nicht so einfach wegwerfen, schon im Kindergarten ein Herz und eine Seele gewesen.

Na, dann reicht es doch jetzt auch mal, oder? Was haben Sie sich denn noch Neues zu erzählen? Und warum müssen Sie stundenlang telefonieren, Sie verstehen sich doch auch ohne Worte, habe ich recht?

Ach so, dieses gute Gefühl, dass jemand einen wirklich kennt und trotzdem leiden kann und trotzdem Zeit mit einem verbringen will. Einfach schön, gell? Da lohnt sich das Leben wieder, da geht einem das Herz auf!

Genau das meine ich.

Freunde sind ein einziger Hochrisikofaktor.

Und sie arbeiten mit allen Tricks.

Aber am Ende werden Sie doch wieder nur ausgenutzt.

Wie können Sie sich aus der Umklammerung befreien?

Schauen Sie sich Ihre „Freunde" doch mal an. Sehen so echte Freunde aus? Ist da nicht doch schon ein wenig der Lack ab? Wichtig ist, dass Sie sich intensiv mit den Unzulänglichkeiten Ihrer Freunde beschäftigen. Achten Sie mehr auf deren Fehler und verzeihen Sie diese Fehler einfach nicht länger. Wenn Sie selbst nach Perfektion streben, warum sollten Sie in Ihrem Freundeskreis alles nachsehen und alles durchgehen lassen?

Kommt die eine dieser sogenannten Freundinnen nicht grundsätzlich zu spät und lässt Sie warten? Haben Sie das nicht endlich satt? Oder die andere, die immer so gut drauf ist und alles wahnsinnig *positiv* sieht. Ertragen Sie das wirklich? Ist das nicht aufgesetzt? Dann dieser gute Kumpel, mit dem Sie nach dem Sport immer noch ein Bier trinken gehen. Also ehrlich, kann der über etwas anderes reden als über Brüste? Sind Sie aus dem Alter nicht langsam raus? Tja, und diese Clique, das ganze Geburtstagfeiern und Grillen und am Wochenende wegfahren und alles, wird das nicht öde mit der Zeit? Ist das nicht immer dasselbe? Und trinken die nicht alle zu viel? Sind die nicht alle furchtbar neidisch und gönnen Ihnen den Erfolg und den Wagen und die Wohnung nicht? Sonst würden die doch nicht immer sagen, dass Sie langsamer tun sollen, dass der Mensch auch mal Freizeit braucht und solche Sachen.

Das sind alles Loser, die Sie nur herunterziehen, die Sie bremsen und aufhalten. Sie sind ein Gewinner! Verlieren

Sie nicht Ihr Ziel aus den Augen. „Freizeit" haben Sie, wenn Sie sich endlich von diesen Leuten gelöst haben.

Treten Sie Ihren Freunden gegenüber entsprechend arrogant auf. Lassen Sie das, was Sie erreicht haben, ein bisschen heraushängen. Reden Sie ständig über die Hochzeit im Fünf-Sterne-Hotel auf Mauritius, das Haus mit Pool, das Pferd, den Porsche, aber mit so einem Unterton, als wäre jeder ein Idiot, der sich so etwas nicht leisten kann. Machen Sie spöttische Bemerkungen, wenn jemand einen Kleinwagen fährt oder auf dem Bauernhof Urlaub macht.

Hören Sie Ihren „Freunden" einfach nicht mehr zu. Schließlich sind Sie innerlich mit dem Bericht an die Geschäftsleitung beschäftigt. Vermitteln Sie das Gefühl, dass Ihre Probleme weitaus wichtiger sind, weil von größerer Tragweite, als die Problemchen Ihrer Freunde wie Scheidung, Insolvenz oder Krebs.

Nehmen Sie so langsam keine Einladungen mehr an. Wenn Sie früher auf jede SMS geantwortet haben, stellen Sie sich jetzt tot. Rufen Sie nicht zurück. Oder sagen Sie immer wieder das Gleiche, Sie hätten in dieser Phase einfach zu viel zu tun. Nach der Arbeit seien Sie todmüde, das müsste doch mal jemand verstehen, verdammt noch mal!

Alle Absagen sollten so ein bisschen vorwurfsvoll klingen, Sie haben schließlich am meisten zu leisten, und irgendwie sind alle anderen, die es besser haben, daran schuld.

Auch schön: „Ja, wir müssen unbedingt mal wieder was zusammen machen! Ich denke so oft an dich! Ich melde mich auf jeden Fall!" Und dann melden Sie sich aber nicht oder erst vier Wochen nach dem Geburtstag: „Ich hab so an dich gedacht!"

Für Fortgeschrittene: Sorgen Sie für endgültige Schnitte, die nicht wiedergutzumachen sind. Haben Sie den Mut dazu. Schneiden Sie die alten Zöpfe ab, weg damit.

Kommen Sie zum Beispiel nicht zur Hochzeit Ihres besten Freundes und lehnen Sie die Bitte, sein Trauzeuge zu sein, genervt ab. Mit so was können Sie sich jetzt einfach nicht befassen, seit Sie diese Leitungsstelle angenommen haben oder für dieses Projekt zuständig sind.

Interessieren Sie sich null (!) für das Baby. Das wirkt immer.

Führen Sie ein Gespräch zum Thema WAS ICH DIR SCHON IMMER SAGEN WOLLTE: „Dein Mann ist der größte Dummschwätzer auf Gottes Erdboden und sieht aus wie Otto Waalkes, aber unlustig! Ich habe übrigens mit ihm geschlafen, als du schwanger warst. Und deine Kinder sind der Grund dafür, dass ICH keine Kinder will! Deine sogenannte Boutique ist ein Provinzladen im letzten Kaff, und ich würde lieber sterben, als wirklich ein Stück anzuziehen, was ich da kaufen musste! Und dein Gejammer über deine Mutter, ehrlich gesagt, sie hat recht! Du bist tatsächlich lebensuntüchtig und unfähig, auf eigenen Füßen zu stehen!"

Von dieser „Freundin" werden Sie nichts mehr hören. Sie wird Sie nicht weiter behelligen. Sehen Sie, wieder ein Stein aus dem Weg geräumt.

Ausnahmen bestätigen allerdings wieder einmal die Regel. Ich will Sie ja nicht vollständig sozial isolieren. Es gibt Freundschaften, die Sie pflegen, ja sogar intensivieren sollten.

Kennen Sie Freunde, die Sie ständig fordern, ja strapazieren und aussaugen? Als wären Sie eine Tankstelle, die den letzten Rest Benzin anzubieten hat, oder eine Mutterbrust ganz kurz vor dem Abstillen? Freunde, die Sie ständig um etwas bitten, das sich dann vom kleinen Gefallen zum kompletten Sonntag auswächst? So richtige Blutsauger? Die immer schreckliche Probleme haben und diese selbst verursachen und Sie dann am Arm packen und nicht mehr loslassen und schreien: „Hilf mir!!!"

Sie wissen aber gar nicht, wie, und eigentlich finden Sie diese Probleme gar nicht so wahnsinnig bedeutend, aber immer wieder lassen Sie sich hinreißen. Warum?

Also wirklich. Ich kann nicht alles zweimal erklären. Wir haben doch schon darüber gesprochen: ALLMACHTSFANTASIEN (ohne mich würde diese Freundin im Rotlichtmilieu landen und ihre Organe verkaufen), SCHULDGEFÜHLE (sollte diese Freundin ihre Organe verkaufen, werde ICH selbstverständlich dafür verantwortlich sein) und KONFLIKTVERMEIDUNG (ich kann doch diese arme Person nicht zurückweisen, ihr weiteren Schmerz zufügen und diese wunderbare Freundschaft gefährden).

Auf die Weise werden Sie weiter nachts angerufen und sonntagmorgens und in der Arbeit, und auch wenn Sie vollkommen fertig sind, kriegen Sie zu hören: „Aber ich brauche dich doch gerade jetzt! Mein Hamster ist depressiv, und ich leide unter einer unheilbaren Krankheit, die da heißt Logorrhö!" (Dabei handelt es sich um KRANKHAFTE GESCHWÄTZIGKEIT, und das sollte doch ein wenig Mitleid bei Ihnen erregen).

So, und jetzt zum Mitschreiben: Diese, und nur diese Freunde sollten Ihre wahren Freunde sein. Dann kann nichts schiefgehen. Im Gegenteil. So eine Freundschaft ist wie dieser alte Kühlschrank im Keller, der unglaublich viel Strom frisst, im Zweifelsfall aber den Geist aufgibt und alle Lebensmittel verfaulen lässt. Wer solche Freunde hat, braucht eigentlich gar keine Arbeit mehr. Mit ihnen wird das ganze Leben zur Arbeit. Immer Anstrengung, immer unter Dauerspannung, ist das nicht wunderbar? Was wir uns vorgenommen haben, das ziehen wir durch, meine Damen und Herren.

2. ENTSPANNUNG VERHINDERN – DAUERSPANNUNG IMPLEMENTIEREN

Sie haben es sich in den Kopf gesetzt, dann muss es wohl sein, bitte schön, fahren Sie also in ein Wellness-Hotel. Ich will ja keine Spielverderberin sein. Wenn Sie nicht allzu viel Geld ausgeben und auf die Jahreszeit achten, werden Sie damit keinen großen Schaden anrichten. Ich schlage ein drittklassiges Angebot im November in den österreichischen Alpen vor. Regen ist wichtig, eine leere Hotelbar, passiv aggressive Hotelangestellte und ein paar vielversprechende Angebote, die leider nicht genutzt werden können. Aber allein müssen Sie sein! Das ist die Bedingung! Sonst ist das Risiko leider doch zu hoch.

Spaß beiseite. Es geht in diesem Kapitel um eine wesentliche Weichenstellung. Bitte rufen Sie sich das Prinzip Dauerspannung noch einmal ins Gedächtnis. Wenn Sie immer wieder in die gleiche Falle tappen und in den Spannungsabschwung hineingeraten, werden Sie es nicht verhindern können, sich zu regenieren, aufzutanken und sich entsprechend erholt und wieder „wohl" zu fühlen. Das ist verlockend, ich weiß, aber so erreichen Sie niemals einen Burnout.

Chillen, relaxen, abhängen, sind wir etwa in der Pubertät? Falls Jugendliche in Ihrem Haushalt wohnen, können Sie die Schädlichkeit eines entspannungsorientierten Lebenswandels eins zu eins beobachten: Pickel, fettige Haare, Liebeskummer und schlechte Noten.

Wir wollen nun über Fertigkeiten und Strategien sprechen, die Spannung erzeugen und Entspannung verhindern. So können Sie ungünstige Voraussetzungen in Ihrer Biografie, über die wir gesprochen haben, eventuell ausgleichen.

Also Konzentration bitte! Verwenden Sie die folgenden Tipps wie einen Leitfaden. Sie sollten ihn immer bei sich tragen und nicht müde werden, ihn durchzugehen und zu überprüfen. So richten Sie in Ihrem Leben eine selbstverständliche Kultur der Anspannung ein und überwinden Ihr Bedürfnis nach Entspannung bis zum totalen Kurzschluss!

- Beginnen Sie damit, Entspannungsmomente in Ihrem Alltag zu identifizieren. Wichtig ist zum Beispiel diese kurze Phase, wenn Sie von der Arbeit nach Hause kommen. Was tun Sie? Setzen Sie sich einen Moment lang hin und trinken eine Tasse Tee? Wie wäre es mit einem Nickerchen auf dem Sofa, hm? Oder schauen Sie sich GANZ ENTSPANNT Ihre Lieblingsserie an?

  Ich kann Sie ja verstehen. Wirklich. Die Verlockung ist riesig. Man ist erschöpft, leer, fix und fertig. Ja, tun Sie sich ruhig ein wenig leid. Es ist hart, seine Brötchen zu verdienen, keine Frage.

  Aber schämen Sie sich nicht auch ein wenig? Ist der Tag etwa zum Schlafen da? Haben Sie nichts zu tun? Sind Sie wirklich schon mit allem FERTIG? Und das Unkraut im Garten? Die Wäsche im Keller? Der Wasserhahn, der schon seit gestern tropft? Die Schwiegermutter, die Sie um etwas gebeten hat? Der Nachbar? Und erst Ihre Kinder!

Also ganz klar, Sie müssen das anders organisieren, wenn Sie nach Hause kommen. Es darf keinen Augenblick der Entspannung geben. Weitermachen ist die Devise. Denn wenn Sie von hundert auf null gehen, wie sollen Sie jemals wieder von null auf hundert kommen?

Nein, nein, legen Sie sofort, also unmittelbar nach dem Heimkommen los und widmen Sie sich Ihren privaten Pflichten. Am besten bauen Sie dafür ein Haus. Mit wenig Eigenkapital und viel Eigenleistung, erinnern Sie sich? Dann müssen Sie Überstunden für die Zinsen machen und nach den Überstunden das Bad fliesen und das Dach dämmen. In einem Haus gibt es immer etwas zu tun. Oder meinen Sie, die Baumärkte boomen, weil echte Männer sich auf dem ungemähten Rasen in den Liegestuhl legen?

Durchforsten Sie bitte Ihren gesamten Alltag nach Erholungsmomenten. Sie werden erschrecken. Und das enorme Potenzial erkennen. Wie viel Sie schaffen könnten, wenn Sie all diese Momente dafür nutzen würden, auch in der Freizeit etwas zu leisten!

Eliminieren Sie alle Nischen, die Sie sich geschaffen haben, um ein Päuschen zu machen und es sich gut gehen zu lassen. Was Ihnen Entspannung verschafft, muss raus!

Der Abendspaziergang mit dem Hund? Führen

Sie dabei ein berufliches Telefonat, und schon ist der Entspannungseffekt dahin.

Ein Gläschen Wein mit dem Partner auf der Terrasse? Weg damit, das braucht kein Mensch.

Am Sonntagmorgen noch ein Weilchen im Bett herumlümmeln? Lassen Sie das. Es verkürzt nur Ihren Tag.

Badewanne? Sie kennen die Antwort. Ich möchte Sie außerdem darauf hinweisen, dass das viele Wasser, das Sie den Menschen in der Dritten Welt stehlen, Ihre Haut austrocknet.

Sport? Darauf kommen wir noch.

Eincremen nach dem Duschen? Warum? Weglassen. Sowieso lauwarm bis kalt duschen. Das macht fit.

Teekochen und Teetrinken? Kostet leider zu viel Zeit. Kakao auch.

Musikhören beim Verrichten unangenehmer Tätigkeiten? Das reduziert nur den Schlechte-Laune-Effekt und ist deshalb abzustellen. Keine Musik mehr.

Und schaffen Sie um Himmels willen dieses neue *Daybed* wieder ab! Auf den Sperrmüll damit!

Sie müssen wirklich erbarmungslos ehrlich sein. Sonst wird das nichts. Lassen Sie sich nichts durchgehen! Merzen Sie aus! Dann, und nur dann werden Sie Montagmorgen nicht ausgeruht, sondern angespannt, übermüdet und unzufrieden zur Arbeit erscheinen. Und die Woche hat gerade erst begonnen! Toll!

- Machen Sie eine Liste mit allen Tätigkeiten, die Sie ungern erledigen. Was macht Ihnen absolut keine Freude? Was lässt Sie gereizt und übellaunig werden? Schreiben Sie alles akribisch auf. Hängen Sie sich die Liste an den Kühlschrank. Legen Sie sich ein Exemplar in Ihre Handtasche oder in Ihren Geldbeutel. Denn leider werden Sie sich ab jetzt auf genau diese Tätigkeiten konzentrieren müssen. Alles, was auf der Liste steht, soll Vorrang haben. Setzen Sie von nun an die richtigen Prioritäten. Sie werden sehen, mit der Zeit wird es selbstverständlich werden, dass Sie ZUERST die Fenster putzen und DANN mit dem Hund rausgehen. Das verdirbt Ihnen die Stimmung und verkürzt zusätzlich den Spaziergang. Gut so. Machen Sie ZUERST die Steuererklärung, DANN streiten Sie sich mit der Telefongesellschaft herum, und schon ist keine Zeit mehr für etwas anderes. Gehen Sie zu Eigentümerversammlungen, zum Zahnarzt und zu Vorträgen über die Finanzkrise anstatt ins Schwimmbad, ins Kino oder auf ein Rockkonzert. Ist doch ganz einfach. Sie brauchen nur ein wenig Selbstdisziplin, das ist ja wohl nicht zu viel verlangt!

- Fahren Sie bitte, bitte nicht mehr in den Urlaub. Egal wohin. Außer es handelt sich um eine kinderfeindliche Ferienwohnung, in der Sie die Kleinen keine Sekunde aus den Augen lassen können und wo Sie jeden Tag kochen, abwaschen und putzen müssen (schließlich wollen Sie sich wie zu Hause fühlen). Selbstverständlich haben Sie einen WLAN-Anschluss für Ihren Dienst-Laptop und hoffentlich einen garstigen Vermieter im gleichen Haus wohnen, und es muss auf jeden Fall ununterbrochen regnen.

Dann können wir darüber sprechen.

Nein, lieber doch nicht.

Kein Urlaub mehr.

Ist besser für Sie.

- Kündigen Sie Ihren Yogakurs. Kein Thai-Chi, kein Qigong mehr. Autogenes Training, pf …, das klingt schon so, nein, gehen Sie da nicht hin. Zu gefährlich. Sie könnten hängen bleiben. Sie könnten lernen, richtig zu atmen und den Körper quasi im Handumdrehen in Entspannung zu versetzen. Sie könnten sogar gelassener werden. Das sind Drogen. Die machen aus Ihnen einen anderen Menschen.

- Schaffen Sie sich ein Zuhause, das Ihnen entspricht.
  - Eine Wohnung hat funktional oder allenfalls angeberisch stylisch zu sein, aber nicht *gemütlich* oder *einladend*. Wohnungen mit dem Charme eines Design-Museums oder eines Großraumbüros lassen weniger Entspannungsmomente zu.

- Wichtig: Ihr Wohnzimmersofa stellt eine Gefahr dar. Es sollte hart, unbequem und mit einem erlesenen, aber empfindlichen, schneeweißen Stoff bespannt sein. Dann werden Sie nicht allzu häufig darauf Platz nehmen.
- Kerzen, Lichterketten, Blumen und blöde Erinnerungssachen sind aus der Wohnung zu entfernen.
- Heizen Sie sparsam. Temperaturen unter 20 Grad Celsius halten eine gewisse Leistungsbereitschaft aufrecht. Und dulden Sie keine Decken, wärmende Schlabberpullis oder Wollsocken im Haus!
- Küche und Badezimmer sollten so beschaffen sein, dass auch winzige Wasserspritzer, Krümel oder Fussel überdeutlich hervorgehoben werden. So schreien Ihre Räumlichkeiten eine ständige Aufforderung hinaus, zu putzen, zu wischen, nachzuwischen usw. anstatt sich zum Mittagsschläfchen auf das Sofa zu legen. Das ist ja sowieso viel zu unbequem!

3. ROLLENWECHSEL? LEGEN SIE SICH FEST!

Ich werde jetzt mal ein bisschen soziologisch. Da kenne ich mich nicht besonders gut aus, aber das werden Sie nicht merken. Es geht um den Begriff der Rolle, und für unser Vorhaben interessiert uns natürlich Ihre berufliche Rolle.

Diese Rolle ist in der Regel relativ eindimensional. Stellen Sie sich zum Beispiel eine Altenpflegerin vor, kann auch ein Altenpfleger sein, von mir aus. Es handelt sich jedenfalls um eine versorgende, unterstützende, helfende Rolle, weil sich die alten Menschen ja nicht mehr so gut selbst helfen können. Ist halt so, wird Ihnen auch mal so gehen, wenn Sie alt sind.

Natürlich müssen Altenpflegerinnen auch dokumentieren (und das ziemlich viel), eventuell ein Team führen, mit Angehörigen sprechen usw. In der Regel machen sie das aber nicht so wahnsinnig gern, weil es ihrem Rollenbild nicht entspricht, weil sie diese Tätigkeiten als rollenfremd erleben. Deswegen haben sie doch diesen Beruf nicht gelernt!

So weit, so gut. Ist ja nicht schlimm. Im Gegenteil. Hier liegt Ihre Chance, liebe Altenpflegerin!

Wichtig für unseren Burnout ist, dass die berufliche Rolle möglichst niemals verlassen wird. Die Schwesternkluft bleibt an, basta. Im Kopf, da bleiben Sie immer eine Pflegerin, die nichts anderes weiß und kann, als andere zu versorgen und zu unterstützen. Eine helfende Hand durch und durch. Am Feierabend, am Wochenende, in der Familie, in der Verwandtschaft, in der Nachbarschaft, im Freundeskreis, im Verein, im Tierheim, in der Gemeinde, einfach immer und überall. Das ist toll! Ein altruistisches, sinnvolles Leben, gottgefällig und menschengefällig, denn die Menschen lieben das, wenn sich jemand um sie kümmert. Dann müssen sie das nicht selbst tun. Und wenn Sie, liebe Altenpflegerin, einfach mit Engagement und Leidenschaft bei der Sache bleiben und immer so weitermachen in Ihrer Rolle, dann werden Sie Ihre eigenen Bedürfnisse zuerst hintanstellen und irgendwann ganz vergessen. Es genügt Ihnen, gebraucht zu werden. Wichtig zu sein. Auch wenn Sie selbst zu kurz kommen und sich niemals jemand um SIE kümmert. Das ist in Ihrer Rolle nämlich nicht vorgesehen.

Entsprechend werden Sie sich irgendwann ein wenig überfordern. Denn das wird Ihnen ja nicht geschenkt, das kostet Kraft, immer für andere da zu sein. Viel Kraft. So viel Kraft, dass Sie ganz schön nahe herankommen an einen Burnout. Lassen Sie dann noch etwas passieren, vielleicht übernehmen Sie eine Leitungsfunktion, oder Ihre Schwiegermutter möchte partout nicht in ein Altenheim, sondern zu Ihnen ins Gästezimmer, dann könnten Sie es schon geschafft haben. Glückwunsch!

Und? Ist das jetzt klar? Es geht darum, die berufliche Rolle auch privat immer weiter zu spielen.

Ich werde ja auch ständig angesprochen: „Du bist doch Psychologin, darf ich dich mal was fragen?"

„Ja gerne, klar! Was ist dein Problem? Lass uns gerade jetzt, auf diesem schönen Grillfest darüber reden, ich nehme mir alle Zeit der Welt für dich, auch wenn du dich wirklich nicht die Bohne für mich interessierst oder wenn ich dich bis zu diesem Grillfest überhaupt gar nicht kannte!"

Das ist doch nicht so schwer! Schon ist man wieder in der beruflichen Rolle und hat etwas zu tun, anstatt sich zu amüsieren.

Oder würden Sie etwa an meiner Stelle sagen: „Du, ich habe jetzt Feierabend und bin auf diesem Ohr gerade so was wie taub."

Oder vielleicht: „Gerne! Eine Privatstunde am Samstagabend kostet bei mir 250 Euro. Möchtest du bar bezahlen?"

Wäre das nicht wahnsinnig egoistisch und außerdem grausam? Müsste ich mich nicht schämen? Eine so selbstsüchtige und geldgierige Person zu sein?

Würde ich mich nicht nachts, nachdem ich so viel Spaß hatte auf dem schönen Grillfest, mit der Frage herumquälen, was es denn wohl gewesen war, was dieser Mensch von mir wissen wollte? Vielleicht etwas Wichtiges? Etwas Lebenswichtiges? Möglicherweise würde dieser Mensch am nächsten Morgen gar nicht mehr am Leben sein. Und ich wäre dann schuld daran, ich allein, ich hätte die Antwort auf das Problem gewusst und hatte mir nicht einmal die Frage angehört. Ein Albtraum. Grauenhaft.

Das ist der Grund, warum es immer besser ist, Ja zu sagen. Ja, gerne. Ziehen wir Grenzen, warten schreckliche Entwicklungen auf uns, die wir persönlich zu verantworten haben.

Falls Sie zu dem Schluss kommen, dass Menschen, die solche Anliegen in Ihrer Freizeit an Sie herantragen, Ihnen etwas ZUMUTEN, vergessen Sie diesen Gedanken ganz schnell wieder. Natürlich überschreiten die Ihre Grenze, saugen Sie aus und benutzen Sie. Na und? Das ist doch jetzt irrelevant! Das interessiert niemanden! Verdrängen Sie Ihr spontanes Gefühl der Verärgerung. Ihre Mitmenschen sollten Ihnen nicht lästig sein, nur weil sie Sie in Ihrer beruflichen Rolle strapazieren, ohne wie Ihr Arbeitgeber dafür zu bezahlen.

Das Ganze ist im Übrigen nicht nur für helfende Berufe ein Thema. KFZ-Mechaniker, Computerfachleute oder Klempner können auch ein Lied davon singen.

Oder denken Sie zum Beispiel an einen Ingenieur. Er hat beruflich mit Maschinen, Zahlen und anderen unemotionalen Inhalten zu tun. Er lebt in seiner Arbeit eine sehr rationale, sachliche, fakten- und ergebnisorientierte Rolle. Auch schön, nicht wahr? Wenn er diese Rolle gar nicht mehr abstreifen mag und sie auch in seiner Familie, mit seinen Freunden und ganz allein mit sich selber spielt! Das wird diesen Ingenieur fern der eigenen Emotionalität durch sein Privatleben gehen lassen. Gefühle bedürfen, wenn überhaupt, einer komplizierten Sondergenehmigung, die nur sehr selten ausgestellt wird. Sagen wir mal Geburt, Tod, Abstieg in die zweite Liga. Ende der Liste. Ansonsten passen Gefühle nicht zur Rolle. Entsprechend unvorbereitet und überfordert wird der Ingenieur auf emotionale Belastungen reagieren.

Das reicht noch nicht für einen Burnout, da bin ich ganz ehrlich, aber vielleicht kommt ja wie bei der Altenpflegerin noch etwas dazu. Er könnte in der Arbeit einen neuen Bereich übernehmen, wo er viel mehr verdient, aber auch Beziehungen zu Kunden pflegen muss, was ihm alles abverlangt. Beförderung, Versetzung nach Nordchina, Scheidung, solche ganz alltäglichen Anforderungen. Und schon steht er da wie der Ochs vor dem Berg und findet sich nicht mehr zurecht, und die Dinge nehmen ihren Lauf.

Meine Botschaft ist: Wechseln Sie nicht flexibel und geschmeidig zwischen beruflichen und privaten Rollen hin und her. Legen Sie sich fest! Einmal Helfer, immer Helfer. Einmal Zahlenfreak, immer Zahlenfreak. Einmal Herzchirurgin, immer Herzchirurgin und nicht auf einmal Expertin in Sachen Liebe. Einmal Model und schön aussehen, immer oberflächliche Tussi mit nichts als Klamotten im Kopf. Das vereinfacht das Leben ungemein. Und sorgt eben eher für Überlastung und Erschöpfung als dieses unentschiedene, bewegliche Tänzeln, das ich nicht mehr bei Ihnen sehen will. Schluss damit.

Sie sind sich da noch ein wenig unsicher? Sie wissen nicht recht, wie? Sie haben ja recht, leichter gesagt als getan. Deshalb werden wir jetzt mal wieder ganz praktisch.

Sehen wir uns diese sensible Übergangsphase zwischen Arbeit und Privatleben an, in der so ein Rollenwechsel stattfinden könnte (wenn Sie nichts dagegen unternehmen). Sie ziehen Ihre Jacke an, packen Ihre Aktentasche und machen sich nach einem langen Arbeitstag in ein und derselben Rolle auf den Weg nach Hause.

Und? Träumen Sie auf der Heimfahrt im Auto vor sich hin, noch dazu bei Ihrer Lieblingsmusik?

Das meine ich. Lassen Sie das. Bleiben Sie ernst, und bleiben Sie in Ihrer Rolle. Nicht ablenken lassen. Keine Musik. Nur Gedanken an den vergangenen und dann an den nächsten Arbeitstag. Vergegenwärtigen Sie sich anstehende Aufgaben, das Gespräch mit dem Chef, dem Kunden, die Präsentation, den Workshop.

Oder fahren Sie mit dem Fahrrad heim, strampeln fröhlich vor sich hin und genießen den Wind im Haar und die Bäume links und rechts?

Dann nehmen Sie ab jetzt die überfüllte U-Bahn. Ohne Kopfhörer im Ohr, ohne Smartphone, ohne Buch. Dann werden Sie nicht so gut abschalten und nicht so gut Ihre Rolle hinter sich lassen können.

Schlendern Sie auf dem Weg nach Hause an Schaufenstern vorbei und kaufen sich ein Eis?

Nein! Sie nehmen den kürzesten Weg, um schnell zu Hause zu sein und sich dort Ihren Pflichten zu widmen. Und dann sagen Sie gefälligst JA, wenn jemand Sie in Ihrer beruflichen Rolle anspricht!

JA, JA und noch mal JA.

JA, GERNE.

Sie sind nichts und niemand ohne Ihren Beruf. Diese eine Rolle können Sie und keine andere. Das müssen Sie sich immer wieder einreden und wie ein Mantra ständig wiederholen.

Und dann wird nur noch über Arbeit gesprochen. Alles andere wäre ja sinnlos, oder? Was gibt es schon für Themen, wenn Sie NIEMAND mehr sind? Kein Vorzeigeehemann, keine Geliebte, kein Hobbyfußballer, keine Top-Rhönradfahrerin, überhaupt keine Sportskanone, keine Mutter, kein Vater, keine Freundin, kein Kumpel, kein Vereinsvorstand, keine Nachbarin, kein Gemeindemitglied, kein gar nichts anderes als das, was Sie beruflich machen. Capito?

Dann bin ich mit Ihnen einigermaßen zufrieden. So lala. Note ausreichend. Es gibt Luft nach oben, aber immerhin.

Exkurs: *Rollenstress*

Stress ist immer gut. Für Rollenstress habe ich allerdings eine besondere Vorliebe, weil viele Themen, die wir schon besprochen und die Sie sich sorgfältig eingeprägt haben, hier zum Tragen kommen.

Zunächst einmal ist für den Rollenstress wichtig, dass verschiedene Erwartungen an eine Rolle gestellt werden. Diese Erwartungen können durchaus schon einigen Druck erzeugen.

„Schönes Ergebnis, legen Sie im nächsten Jahr noch zehn Prozent drauf, dann sind wir im grünen Bereich."

„Sie haben da 30 Hauptschüler, bringen Sie alle zum Quali, egal wo sie herkommen, ob sie Deutsch sprechen oder überhaupt manchmal zum Unterricht erscheinen!"

„Machen Sie diesen Auftrag, diesen Kunden, dieses Projekt klar!"

„Der Medizinische Dienst kommt in unser schönes Pflegeheim, diese Kontrollettis, da will ich eine Eins mit Sternchen in der Begutachtung sehen!"

Das ist für sich genommen schon nicht ohne, wenn wir ehrlich sind. Da kann hie und da schon ein wenig Stress die Folge sein. Zumal diese Erwartungen oft von jemandem formuliert werden, der ergebnisorientiert, aber sachfremd ist.

Uns reicht das natürlich noch nicht. Wir wollen mehr. Wir wollen, dass sich die verschiedenen Erwartungen gegenseitig widersprechen. Das ist fein! Erfüllt man die eine Forderung, tappt man automatisch bei der nächsten in die Falle, und bekommt man diese noch hin, erwischt es einen bei der dritten. Und so weiter und so weiter. Herrlich!

Aber wenn Sie sich jetzt schon zufriedengeben, kehren Sie praktisch vor dem Gipfel um. Kommen Sie, da geht noch was! Rollenstress entfaltet sich erst vollständig und mit all seinen Möglichkeiten, wenn Sie selbst noch ein wenig mithelfen. Fügen Sie also bitte noch Ihre tiefe, unverrückbare Überzeugung hinzu, dass Sie all den Erwartungen an Ihre Rolle, allen Ansprüchen und Forderungen zu jedem Zeitpunkt absolut gerecht werden können und sogar müssen. Alle sollten doch zufrieden sein, oder etwa nicht? Und nicht nur zufrieden, sondern glücklich! Alle sollen Sie lieben, alle gut über Sie denken. Sie dürfen niemanden enttäuschen, denken Sie immer daran! Niemand, wirklich niemand darf jemals irgendwie sauer oder richtig schlecht auf Sie zu sprechen sein, sonst, sonst ... sonst passiert etwas ganz, ganz Schlimmes.

Ich werde Ihnen das anhand einer kleinen Übung veranschaulichen.

Übung:

Sie brauchen jetzt nur etwas Fantasie und Vorstellungskraft. Ich traue Ihnen das einfach einmal zu. Volles Risiko sozusagen.

Sie stellen sich in die Mitte eines Raumes. Und jetzt brauchen Sie ein paar Mitspieler. Jeder verkörpert eine Person oder Instanz, die Erwartungen an Ihre berufliche Rolle hat.

Sie sind zum Beispiel Mathematiklehrerin? Dann brauchen Sie wahrscheinlich Schüler, Eltern, Kollegen, den Direktor, das Ministerium, die Gesellschaft vielleicht und so weiter. Sie verteilen diese Personen und Instanzen um sich herum. Handelt es sich um eine im Alltag sehr bedeutsame Person mit relevanten Erwartungen an Sie, dann stellen Sie die Person näher zu sich heran. Vielleicht sitzt sie Ihnen im Nacken oder blickt Ihnen direkt in die Augen, je nachdem, wie es für Sie passt. Andere Personen oder Instanzen sind vielleicht weniger bedeutsam, dann werden sie etwas weiter weg platziert, möglicherweise mit dem Rücken zu Ihnen oder hinter dem Sofa. Jetzt schreiben Sie für jede Person einen Zettel, auf dem ein prägnanter Satz steht, der die Erwartungen an Sie als Mathematiklehrerin anschaulich wiedergibt.

Ich möchte nicht vorgreifen, Ihnen aber mit einigen Beispielen auf die Sprünge helfen:

Schüler (auf Stuhl lümmelnd): LASSEN SIE MICH MIT DEM SCHEISS IN RUHE!

Zweiter Schüler, einfacher strukturiert (direkt vor Ihnen stehend, bedrohlich den Arm hebend): GEBEN SIE MIR GEFÄLLIGST EINE EINS!

Direktor (Ihnen ins Ohr brüllend): ICH WILL PISA!!! UND FAHREN SIE MIT DER 9 B INS SKILAGER, MIT DER WILL JA SONST KEINER!

Kollegen (Sie umkreisend und bedrängend): MACH DU DIE BIBLIOTHEK UND DIE 9 B UND DEN ELTERNABEND UND DIE THEATER-AG, WIR HABEN NÄMLICH BURN-OUT!!!

Elternpaar (weiter hinten, mit den Armen fuchtelnd): MACHEN SIE WAS, DAMIT UNSER SOHN, DER SCHWACHKOPF, MATHE ENDLICH KAPIERT!

Zweites Elternpaar, einfacher strukturiert (bedrohliche Gesten machend): GEBEN SIE UNSERER TOCHTER, DIESEM WUNDERKIND, GEFÄLLIGST EINE EINS! SONST VERKLAGEN WIR SIE!

Ministerium (in der Zimmerecke, aber laut): MACHEN SIE DAS ANDERS! MACHEN SIE DAS INNOVATIV UND IN EINEM PROJEKT UND IN GRUPPENARBEIT! NEIN, DOCH NICHT. MACHEN SIE DAS IRGENDWIE, ABER PISA!!!

Vielleicht gibt es auch noch ein Privatleben?

Partner (winkend): KOMM NICHT SO GESTRESST NACH HAUSE, DU ARBEITEST DOCH BLOSS DEN HALBEN TAG!

Freundin (freundlich, aber falsch lächelnd): MENSCH, DU HAST DOCH ZEIT, FÜTTERE GEFÄLLIGST SECHS WOCHEN LANG MEINE KATZE! BITTE!!!

Mutti (gebrechlich wirkend, Jammerton): KÜMMERE DU DICH UM MICH, DEINE GESCHWISTER MÜSSEN SCHLIESSLICH RICHTIG ARBEITEN!!!

So, die Mitspieler haben nun ihre jeweiligen Zettel und stimmen bitte einen Chor an. Jeder ruft oder brüllt Ihnen den Satz seines Zettels zu, gleichzeitig und ungeordnet, es muss schön laut sein. Sie stehen in der Mitte und hören sich diesen Chor an. Und zwar nicht nur eine oder zwei Sekunden lang, sondern schon eine ganze Weile, es muss so richtig an Ihren Nerven zerren, damit all diese Rollenerwartungen ihre Wirkung entfalten können. Es entsteht ein lärmendes Durcheinander, aber Sie bemühen sich bitte, die einzelnen Sätze herauszuhören.

Und nun kommt das Wichtigste. Sie konzentrieren sich und vergegenwärtigen sich folgende Überzeugung:

ICH MUSS ALLEN GERECHT WERDEN.

Halten Sie durch. Nicht gleich lockerlassen! Hören Sie Ihren Chor der Rollenerwartungen und sagen Sie sich immer wieder: ICH MUSS ALLE ZUFRIEDENSTELLEN.

Diese Überzeugung muss ein Teil von Ihnen werden, sich verselbstständigen und schließlich ganz automatisch funktionieren. Haben Sie das?

HABEN SIE DAS?

Also wirklich, jetzt reicht es mir langsam. Sie haben nicht richtig mitgemacht!

Wie soll ich Ihnen etwas beibringen, wenn Sie weiter lässig auf Ihrem Sofa herumliegen und dieses Buch nur zum Zeitvertreib konsumieren? Das ist diese passive, im Grunde parasitäre Haltung, die unseren Planeten zerstört. Das sind die Auswüchse einer hedonistischen Spaßgesellschaft.

Ich darf mich wirklich nicht so aufregen. Das lässt Plaque an den Wänden der Blutgefäße entstehen, wussten Sie das? Also noch einmal in aller Ruhe: Burnout erfordert Engagement und Mitarbeit. Wollen Sie denn ewig auf ausgetretenen Pfaden spazieren? Wollen Sie Mittelmaß bleiben und mehr schlecht als recht funktionieren? Wollen Sie zu den Gewinnern oder zu den Verlierern gehören? Wollen Sie, dass Ihre Eltern stolz auf Sie sind oder sich für Sie schämen?

Sie haben die Wahl.

Ich zwinge niemanden.

Aber für alle, die wirklich wollen, scheue ich keine Mühen. Auch wenn Sie sich mit dem Begreifen komplexerer Sachverhalte ein wenig schwertun, kein Problem, ich bin die Geduld selbst.

Das Ganze klappt auch für Projekt- und Key-Account-Manager, für Sachbearbeiterinnen, für Ärzte, Rollenstress ist für alle da! Aber wir stellen uns eine Krankenschwester vor: Sie ist Stationsleiterin. Daran lässt es sich gut aufzeigen. Diese Sandwichpositionen haben wirklich Potenzial. Druck von unten, Druck von oben, Druck aus allen Richtungen, wunderbar, Rollenstress ist vorprogrammiert!

Sie denken wieder an die Aufstellung, Stationsleiterin in der Mitte, Mitspieler außen herum positioniert, und alle haben ihren Zettel mit dem entsprechenden Satz darauf.

Patient (hinfällig, klagend): KOMMEN SIE SCHNELL! SEIEN SIE FÜR MICH DA! WENIGSTENS SIE! NUR FÜR MICH!

Kollegen (Krankenschwester umkreisend, bedrängend): SETZ DICH GEFÄLLIGST FÜR UNS EIN! WIR BRAUCHEN NEUEINSTELLUNGEN, UND DEN DIENSTPLAN MUSST DU KOMPLETT UMSCHREIBEN!

Arzt (desinteressiert, abgewandt): LASSEN SIE MICH BLOSS IN RUHE, ICH HAB GENUG ZU TUN! REGELN SIE DAS. PUTZEN SIE DAS WEG. UND FINDEN SIE VIELLEICHT DIESE SCHEISSVENE?

Geschäftsführer der Klinik (hektisch, cholerisch): BAUEN SIE DIESE SÜNDHAFT TEUREN ÜBERSTUNDEN AB UND KÜMMERN SIE SICH UM DEN KRANKENSTAND!

Angehörige des Patienten (abseits stehend, verängstigt): SCHWESTER! MEINE MUTTER! WANN KOMMT DER ARZT? SCHWESTER!

Und jetzt alle im Chor!

...

Lauter!

...

Toll! Ich bin begeistert.

Noch einmal.

...

Und? Fehlt da nicht etwas?

Hm?

...

Wieder mal blank, ja?

Sie stehen in der Mitte, Sie hören den Chor der Rollenerwartungen, und was sagen Sie dazu? Was ist Ihre Antwort?

Genau.

ICH MUSS ALLEN GERECHT WERDEN.

ALLE MÜSSEN ZUFRIEDEN MIT MIR SEIN.

ICH KANN DAS SCHAFFEN, WENN ICH MICH NUR GENUG ANSTRENGE.

Dann wird ein Schuh draus, also ein richtig schlimmer, krank machender Schuh, man nennt ihn Rollenstress.

Sollten Ihnen all diese Erwartungen anderer allerdings am Allerwertesten vorbeigehen, gebe ich langsam die Hoffnung auf. Und kann nur noch den Kopf über Sie schütteln. Wie können einem die Mitmenschen so egal sein? Ich bin ehrlich entsetzt. Wollen Sie denn gar nicht beliebt sein? Wichtig und unentbehrlich?

Schade. Fangen Sie bitte noch einmal von vorne an, dieses Buch zu lesen. Nein, kaufen Sie das Buch noch einmal und fangen Sie dann von vorne an.

Die anderen, die wirklich konzentriert mitgearbeitet haben, wissen jetzt Bescheid und können den eigenen Rollenstress am Arbeitsplatz gezielt angehen, ausbauen und effektiv einsetzen. Husch, husch an die Arbeit!

4. GESUNDHEIT UND ERNÄHRUNG – ABER RICHTIG!

Was wir essen, hat etwas mit Burnout zu tun?

Aber natürlich!

Zu essen heißt, sich um sich selbst zu kümmern und dabei primitivsten Bedürfnissen zu ihrem Recht auf Befriedigung zu verhelfen.

Und das ist ja das Geheimnis eines Burnouts. Eigene Bedürfnisse müssen zurückgestellt, ja regelrecht missachtet werden. Sich ewig nur um sich selbst zu drehen muss doch einmal aufhören. Deshalb beschäftigen wir uns jetzt mit dem Thema Essen und anschließend mit weiteren Gesundheitsaspekten.

Sie kochen noch selbst? Sie bereiten sich leckere Fische und Salate zu, braten sich blutige Steaks, schnippeln Gemüse, gehen einkaufen und haben immer etwas im Kühlschrank, das für eine einfache Pasta oder eine deftige Brotzeit reicht?

Tja. Schlecht für Sie.

Haben Sie nie darüber nachgedacht? Über all diese Zeit, die Sie in Supermärkten und in der Küche verbringen? Zeit, in der Sie niedersten, oralen Strebungen Priorität einräumen? Ist Ihnen das noch nie komisch vorgekommen? Haben Sie sich nie die Frage gestellt, wie weit Sie es bringen könnten, wenn Sie diese Zeit für etwas Sinnvolles nutzen würden, für Ihre Mitmenschen, Ihre Aufgabe im Leben, Ihr Projekt, Ihre Karriere, Ihr Weiterkommen? Was könnten Sie schaffen und erreichen, wenn Sie sich nicht weiter von Ihrem Körper beherrschen lassen, sondern Ihrerseits die Herrschaft über den Körper übernehmen würden wie über einen Knecht, der Ihnen zu Diensten zu sein hat?

Nun ja, deshalb sprechen wir ja darüber. Damit Sie ein Bewusstsein dafür entwickeln, damit Ihr Blick geschärft wird für all das Potenzial, das in Ihrem Alltag noch schlummert.

Hören Sie auf einzukaufen und zu kochen. Gehen Sie stattdessen auch nicht essen. Das ganze Kümmern muss ja mal ein Ende haben. Schluss damit. Ab jetzt stopfen sie sich zwischendurch einen Schokoriegel rein. Aber auch nur, wenn Sie schon merklich im Unterzucker sind und Ihre Fingerchen die Tastatur nicht mehr bedienen können, weil sie so zittern.

Der Mensch kann unwahrscheinlich lange nur mit Schokoriegeln überleben, glauben Sie mir. Und Kaffee mit viel Zucker macht auch satt. Ansonsten essen Sie ruhig einmal gar nichts.

Oder etwas sehr Fettes.

Currywurst, extrem preisgünstige Döner, Donuts. Alle amerikanischen Fastfood-Ketten sind erlaubt. Auch diese Kekse und Süßigkeiten, die auf Konferenztischen stehen.

Nicht okay ist alles, was Zeit braucht, Spaß macht und schmeckt.

Wissen Sie, Ihre Art der Ernährung ist wie ein Seismograf. Ich kann viel daran ablesen. Wenn Sie nicht mehr wissen, wann Sie zuletzt etwas gegessen haben, das nicht in Plastik verpackt war, kann ich Ihnen nur auf die Schulter klopfen und sagen: „Gut gemacht! Sie haben es drauf! Sie werden es zu etwas bringen!"

Sollten Sie sich allerdings zeitaufwendig, abwechslungsreich und auch noch genussvoll ernähren, haben Sie schlechte Karten, so viel steht fest. Ich überlege ernsthaft, wie Ihnen überhaupt beizukommen ist. Wollen Sie wirklich ausbrennen? Ja? Haben Sie überhaupt verstanden, was das an Selbstaufgabe, Selbstausbeutung und Selbstdisziplin bedeutet?

Ich kann nicht spüren, dass Sie es wirklich wollen.

Das ist mir zu schwach, zu lässig, zu ausweichend, was Sie zu bieten haben. Setzen Sie ein Zeichen! Hören Sie auf zu essen und fangen Sie an, sich stattdessen nur noch Nahrung zuzuführen, irgendeine. Aus Ihrem Leben muss sukzessive ein Überleben werden.

Ja, es tut mir leid, aber manchmal sind harte Worte das einzig wirksame Mittel, jemanden aufzuwecken.

Wer sich verantwortungsvoll um seine Gesundheit kümmert, beschäftigt sich grundsätzlich zu viel mit sich selbst. Selbstfürsorge wollten wir doch bleiben lassen, nicht wahr? Dieses Drehen um die eigene Achse, diese ständige Aufmerksamkeit für das Ich, Ich, Ich! Damit vernachlässigen wir doch nur übergeordnete Ziele wie Leistung, Erfolg und Anerkennung durch unwichtige andere.

Also SIE. SIE vernachlässigen das.

Ich nicht.

Aber was heißt das konkret?

Gehen Sie noch zu Vorsorgeuntersuchungen? Regelmäßig Frauenarzt, ja? Bleiben Sie mit Fieber zu Hause? Sogar im Bett liegen?

Soso.

Dann trinken Sie vermutlich auch immer genug und nehmen Ihre Medikamente, falls Sie welche brauchen.

Keine Drogen? Schlafmittel, etwas Aufputschendes? Nein?

Schade.

Ach, ein Fläschchen Wein zum Feierabend? Schon besser!

Ich möchte Ihnen die Geschichte eines Produktentwicklers erzählen, der sehr erfinderisch, strebsam und ehrgeizig war und eine verantwortungsvolle Position in einem mittelständischen Unternehmen innehatte. Es ging um irgendwelche hochspezialisierten Werkzeuge. Ein wirklich guter Mann. Als ich ihn kennenlernte, plante er gerade seinen 50. Geburtstag und bekam schon seit Monaten immer schlechter Luft. Er stellte irgendwann mit Erstaunen fest, dass seine Finger und Beine sich seltsam verdickt hatten. Er fühlte sich aufgeschwemmt und schwach. Eines Tages wunderte er sich darüber, dass er kaum mehr ohne Pause die Treppe in den ersten Stock seines Reihenhauses schaffte. Er musste stehen bleiben und zu Atem kommen. Er überlegte, zum Arzt zu gehen. Doch er hatte da so eine Entwicklung am Laufen, die er noch durchbringen wollte, er konnte sich unmöglich einen halben Tag freinehmen, um in einer Arztpraxis herumzusitzen. So schlimm konnte es ja nicht sein. Also machte er einfach seine Verschnaufpausen und wunderte sich nicht mehr über diese merkwürdige Schwäche, sondern ignorierte sie einfach. Schließlich war er ein gestandener Mann. Und hatte als solcher schreckliche Angst vor Spritzen. Er wusste, Ärzte gaben einem immer irgendwelche Spritzen.

Langer Rede kurzer Sinn: Er brach im Frankfurter Flughafen am Check-in zusammen und verstarb unter den Händen eines engagierten, aber machtlosen Notarztes. Der Mann hatte einen Herzinfarkt. Die geplante Dienstreise nach Singapur konnte er nicht mehr antreten.

Keine Angst, so weit muss es ja nicht kommen. Da haben Sie mich jetzt falsch verstanden. Solche Fälle sind absolute Ausnahmen.

Normalerweise passiert gar nichts, wenn Sie einfach NICHT zum Arzt gehen und schwerwiegende Symptome ignorieren. Und sollte es doch einmal ein wenig dramatischer werden, bekommen Sie ein paar Medikamente, und alles wird wieder gut. Einfach weitermachen, immer weitermachen, das ist doch unser Prinzip. Und wenn Sie die Medikamente dann ein paarmal vergessen und auch nicht zu dieser Kontrolluntersuchung gehen, so what? Wird schon nicht so schlimm sein.

Und gehen Sie unbedingt auch mit einem respektablen Infekt zur Arbeit. Sie werden über die Effekte staunen und sich nie mehr krankschreiben lassen.

Erstens: Sie können demonstrativ leiden, das ist für sich genommen schon ein Genuss. Schniefen und husten Sie hemmungslos. Frieren Sie ständig trotz des tragischen Schals um Ihren Hals. Trinken Sie Tee und pusten Sie hörbar in die Tasse. Fassen Sie sich an die Schläfen. Und schnaufen Sie auf eine Weise, dass alle im Großraumbüro jeden Atemzug mitbekommen. So können Sie Ihren Kollegen gehörig auf den Zeiger gehen und ihnen außerdem ein schlechtes Gewissen machen („Oh Gott, sie ist meinetwegen krank zur Arbeit gekommen." oder „Oh Gott, sie ist meinetwegen erst krank geworden!").

Zweitens: Sie werden Ihre Kollegin, die am Schreibtisch gegenüber sitzt, anstecken und können anschließend die weitere Entwicklung genauestens beobachten. Das wird ein Spaß! Wird Sie sich ebenso in die Arbeit schleppen und den Virus weiterverteilen? Wen trifft es als Nächstes? Oder wird sie zu Hause bleiben und sich damit selbst zum Abschuss freigeben? Ein paar Vorschläge für Interventionen in diesem Fall:

„Ich hatte das auch. Und? Bin ich zu Hause geblieben?"

„Typisch!"

„Ich kann es mir gar nicht leisten, zu Hause zu bleiben!"

„Es gibt eben Leute, die jede Gelegenheit nutzen …"

„Es gibt Leute, die wegen eines Schnupfens zu Hause bleiben …"

„Und? Wieder gesund? Schön, dann kannst du ja mein Meeting übernehmen, die Präsi morgen und diese drei neuen Projekte machen, und bitte check endlich deine Mails, das dürften dreitausend sein!"

Lächeln Sie dabei freundlich, aber vorwurfsvoll.

Diese Kollegin wird es sich beim nächsten Mal sehr genau überlegen, ob sie ihr Team wieder im Stich lassen möchte. Wegen 39 Grad Fieber und einer nur fast vorhandenen Lungenentzündung! Geht's noch?

Ein Burnout allein ist so langweilig wie eine Zigarette allein. Man braucht doch Mitstreiter und Verbündete. Warum nicht in der nächsten Umgebung fischen? Andere mit einzubeziehen, ein Netzwerk zu bilden, das kann von unschätzbarem Wert sein!

5. RISIKEN DURCH BEWEGUNG UND SPORT

Das Thema habe ich bisher ausgespart. Ich möchte ihm ein eigenes Kapitel widmen. Mit dem Sport ist es so eine Sache. Ich bin nicht grundsätzlich dagegen. Bestimmte Sportarten sind erlaubt, aber nur für Fortgeschrittene! Dazu später mehr.

Ansonsten ist Sport erst einmal ausgesprochen gefährlich.

Sie könnten sich verletzen. Bänder gerissen, Knie kaputt, Trümmerbruch im Unterarm, mit so etwas ist nicht zu spaßen. Und dann? Dann sitzen Sie auf einmal sechs Wochen lang zu Hause herum, ARBEITSUNFÄHIG, sehen fern, lesen, denken über Ihr Leben nach. Ziemlich verantwortungslos, finde ich. Aber vor allem setzen Sie sich auf die Weise einem großen Risiko aus. Sie könnten auf Ideen kommen.

Vielleicht lieben Sie Ihren Job gar nicht mehr.

Vielleicht möchten Sie gar keine zehn Dienste am Stück mehr haben.

Vielleicht sind 60 Stunden Arbeit in der Woche doch ein wenig zu viel.

Vielleicht möchten Sie dieses Leben, über das Sie nachdenken, plötzlich ändern!

Genau das kommt dabei heraus, wenn Sie aus dem Hamsterrad aussteigen und zu viel Zeit haben. Das muss doch nicht sein.

Also Finger weg von Ihren Skiern. Ihr Reitpferd muss in Zukunft ohne Sie auskommen, ja, leider. Ihr Tennispartner auch.

Und denken Sie mal eine Sekunde über diese coolen Surfer-Typen nach, die auf der Suche nach der besten Welle die Welt bereisen, nicht zum Friseur gehen, dafür kiffen und dauernd in einen blauen Himmel lachen mit Tropfen von Salzwasser im zerzausten Haar. Wollen Sie so werden? Das ist Sport von der übelsten Sorte! Das ist perfektionierter Hedonismus! Kein Wunder, dass das sogar den einen oder anderen Hai aus der Haut fahren lässt! Es reicht diesen Tieren einfach, ich kann's verstehen, Sie nicht? Also denken Sie nicht einmal dran, sich ein Surfbrett anzuschaffen!

Das Gleiche gilt für alle anderen sogenannten *Sportarten*, die an einem Strand ausgeübt werden.

Nein, ich will jetzt kein Gejammer hören. Wer nicht bereit ist, Opfer zu bringen, liest das falsche Buch. Reißen Sie sich zusammen. Stellen Sie sich nicht so an, Sie Weichei.

Vielleicht hilft es Ihnen, sich vorzustellen, dass Sport ohnehin so etwas wie eine Gehirnwäsche ist. Sport setzt Endorphine frei, Glückshormone, das weiß jedes Kind. Eine Stunde Zumba, und schon schaffen Sie es wieder zu lächeln. Eine Runde auf dem Fahrrad durch den Wald, und schon rücken all die kleinen und großen Probleme der Arbeit in den Hintergrund. Sport kann ein echtes Antidepressivum sein.

Und, was meinen Sie, bedeutet das für unseren Burnout?

Nichts Gutes jedenfalls. Allein mit Sport ist ein Burnout zwar nicht aufzuhalten, aber wir wollen es doch wie immer einhundertprozentig richtig machen und uns die Sache genau anschauen.

Praktische Umsetzung für Anfänger

Wir machen ein abgestuftes Programm. Sie werden mit den feinen Unterschieden noch überfordert sein. Zuerst verzichten Sie auf Sport an festgelegten Terminen. Treten Sie aus Vereinen aus, kündigen Sie Mitgliedschaften, sagen Sie feste Abende ab. Gerade wenn Sie etwas schon seit vielen Jahren tun, ist es Zeit, es endlich sein zu lassen, finden Sie nicht? Donnerstagabend Tischtennis oder Synchronschwimmen sind jetzt einfach gestrichen. Sie sind mittlerweile zu alt dafür, wenn Sie ehrlich sind. Und das Bierchen hinterher sparen Sie sich auch. Gut für Ihre Leber, oder? Manchmal war der Sport doch nur ein Vorwand, und in Wahrheit ging es um genau dieses Bierchen oder zwei und das sinnlose

Geplauder mit Menschen, die nichts zu sagen haben. Brechen Sie verkrustete Strukturen auf! Das Ergebnis ist, dass Sie einen Abend mehr zur Verfügung haben, um länger in der Arbeit zu bleiben. Ihre Kräfte können Sie dort vergeuden, aber nicht auf ausgetretenen Pfaden in Ihrem Privatleben.

Die zweite Stufe besteht darin, auch individuelle Sportarten abzubauen, die Sie zu jeder Zeit völlig unabhängig nur so für sich betreiben können. Ihre Joggingstrecke kommt gut ohne Sie aus, die Köter und Fahrradfahrer, denen Sie immer ein Ärgernis waren, auch. Die Laufschuhe bleiben ab jetzt im Schrank. Und der Beitrag für das Fitnessstudio wird in Zukunft ohne Gegenleistung bezahlt. Die freuen sich!

Sollte ein früherer Sportkumpan es gut mit Ihnen meinen und Sie motivieren wollen, mal wieder mitzukommen, sagen Sie Nein. Sie hätten jetzt in Ihrer Position wirklich keine Zeit mehr für Feder-, Fuß- oder Volleyball. Ich warne ganz besonders vor Teamsportarten.

ZEIT. Wie viel mehr Sie auf einmal davon haben! Denken Sie an jene unangenehmen Tätigkeiten, die Sie jetzt ausbauen können! Und wie viele Überstunden Sie jetzt zu leisten imstande sind! Wochenendschichten, Feiertage!

Der Erfolg stellt sich relativ rasch ein. Sie werden sich sehr bald schlapper, dicker und weniger leistungsfähig fühlen. Mit der Zeit wird es dann immer leichter, auf Sport zu verzichten. Und der Körper wird auf Dauer immer lascher und schwächlicher. Das ist ja das Schöne, man wird schnell belohnt, wenn man aufhört, sich zu bewegen, viel schneller, als wenn man das Rauchen aufgibt.

Für Fortgeschrittene

Sie sind schon weiter. Ihre letzte sportliche Aktivität ist länger als ein Jahr her. Ihre Kondition reicht nicht einmal mehr dafür, mit dem Fahrrad zur Arbeit zu fahren, wenn Ihr Auto in der Reparatur ist.

Was tun?

Sie bewegen sich ab jetzt insgesamt so wenig wie möglich. Sie nehmen den Fahrstuhl, Sie fahren mit dem Auto zum Supermarkt, sie lassen den Platten an Ihrem Fahrrad nicht mehr reparieren, das kostet ohnehin wertvolle Zeit, die Sie nicht haben oder meines Erachtens nicht haben sollten.

Ihre wertvolle, knapp bemessene Freizeit soll doch nicht mit unnötiger körperlicher Inanspruchnahme verplempert werden. Sie haben es verdient, auf der Couch zu liegen und sich durch Sendungen zu zappen, die Ihnen deutlich vor Augen führen, dass Sie noch längst nicht ganz unten sind. Sie heben nur noch den Arm, um Ihr Bierglas zu erreichen oder in die Chipstüte zu greifen.

Sollten sich dann langsam Rückenschmerzen, irgendwelche muskulären Verspannungen und depressive Verstimmungen einstellen, haben Sie alles richtig gemacht. Und die verbliebenen Kräfte nutzen Sie für Ihre eigentliche Aufgabe im Leben, nämlich auf Top-Niveau zu funktionieren und Ihren Arbeitgeber zufriedenzustellen und ihn hin und wieder zu überraschen (im Sinn von: Das kriegt der auch noch hin? Wahnsinn!).

Kommen wir jedoch wie versprochen zu den Ausnahmen. Sie gelten wie gesagt nur für Fortgeschrittene, denn Anfänger könnten hier gefährlich straucheln, wenn sie nicht mit Ernst und Verbissenheit bei der Sache bleiben, sondern alles nur als einen großen Spaß betrachten.

Wir sprechen jetzt über Sport in seiner eigentlichen und reinsten Form, über den Leistungssport. Hier eröffnen sich ungeahnte Perspektiven. Beachten Sie alle Regeln, die Sie bis zu dieser Seite bereits gelernt haben, haben Sie als Leistungssportler ausgesprochen gute Chancen, einen ebenso schönen Vollburnout zu entwickeln wie alle anderen. Doch mir geht es hier weniger um Sport als Beruf, denn für Berufssportler gelten schlicht die gleichen Gesetze wie für alle anderen Berufstätigen. Mir geht es um Leistungssport neben dem Beruf, also um eine Ausweitung des Leistungsprinzips weit über die Erwerbsarbeit hinaus und in das Privatleben, ja in die Identität und Persönlichkeit der Sportler hinein. Leistung praktisch rund um die Uhr. Toll! Einfach bewundernswert!

Und denken Sie jetzt nicht an Leute, die wie verrückt trainieren, um ein Mal im Leben den New-York-Marathon mitzulaufen. Oder an das Schlussfeld beim 08/15-Triathlon, wo die Hobby-Triathleten total happy sind, dabei zu sein und es geschafft zu haben. Nein, ich denke an Sport, der sich als Extremsport verselbstständigt, für den Erfolge uninteressant und Unlust und Schinderei der eigentliche Sinn und Zweck der Ausübung werden.

Sollten Sie also definitiv nicht auf Sport verzichten können, will ich nicht so sein. Okay. Dann aber richtig.

Geben Sie alles Geld für teure Ausrüstungen aus. Finden Sie andere Besessene, die Ihnen permanent voraus sind und hämisch auf Sie herabsehen. Verbringen Sie jede, ich betone, wirkliche JEDE freie Minute damit, Ihre Zeit vom Vorjahr zu verbessern. Opfern Sie Ihren Urlaub, um in ein Trainingslager zu fahren, das als besonders hart verschrien ist. Schwimmen Sie, bis Sie kotzen. Laufen Sie hungrig los und im Unterzucker weiter. Halten Sie sich von Losern fern, die Ihren Sport als netten Ausgleich betrachten und nicht als Mission. Versuchen Sie alle zu überzeugen, es genauso wie Sie zu machen. Essen Sie nicht mehr, außer Sie haben sich Kalorien durch Training verdient, und auch dann nur ekliges Zeug für den Muskelaufbau und andere genau berechnete Effekte. Verzichten Sie auf Sex, der hat keinen Trainingseffekt und lenkt ab.

Bald wird man Ihnen ansehen, was aus Ihnen geworden ist: ein drahtiges Muskelpaket ohne ein einziges Gramm Fett, von der Sonne gegerbt, vorzeitig gealtert, verhärmt, verdorrt, verbissen und verbittert.

Und genau dann sind Sie erhaben, dann haben Sie jede Freude an Bewegung und jeden Spaß am Siegen oder Gelingen geopfert.

Der Zusammenbruch wird zum Beispiel durch eine kleine Abnutzungserscheinung an irgendeinem Knorpel oder Knochen eingeleitet. Die Schmerzen und Schwellungen werden natürlich zunächst übergangen, ein Trainingsrückstand wäre jetzt fatal. Und ein Indianer kennt keinen Schmerz.

Irgendwann wird Ihnen diese Sache jedoch eine Zwangspause verschaffen. Sagen wir drei Monate.

So. Jetzt liegen sie da auf Ihrem Sofa. Ihre Wohnung sieht aus wie eine Umkleidekabine. Sie besitzen nur noch drei Bücher, alle über Leistungssteigerung und was Sie dafür tun müssen. Im Kühlschrank verdirbt der letzte Eiweißdrink.

Sie werden tief fallen, glauben Sie mir. Ihr Gehirn wird diese plötzliche Ruhe nicht verzeihen.

Ist das noch Burnout? Ich weiß es nicht. Es geht auf jeden Fall bergab, so viel steht fest.

Merke:
Das Prinzip von Leistung und Wettbewerb kann auch im privaten Bereich sinnstiftend angewandt werden.

Wenn Sie das ehrlich beherzigen, beschleunigen Sie Ihren Weg in die Krise und rennen auch hier den anderen davon.

6. HOBBYS, SPLEENS UND KREATIVITÄT – SCHÄDLICHE ZEITVERSCHWENDUNG

Burnout erfordert eine Fokussierung auf das Wesentliche, auf Arbeitsthemen, auf berufliche Belastungen, Aufgaben und Erwartungen. Alles, was Sie von Ihrer beruflichen Rolle ablenkt, ist kontraproduktiv. Alles, was in Ihrer Freizeit stattfindet, muss entsprechend auf den Prüfstand. Danach wird leider nicht allzu viel übrig bleiben, sodass Ihr Privatleben mit der Zeit ein paar schöne Anführungszeichen an die Seite gestellt bekommt.

„Privatleben."

Sieht doch gleich besser aus.

Ein Schulterzucken oder ein resigniertes „Pf ..." könnte dabei optional zum Ausdruck bringen, wie viel Ihre einstigen privaten Interessen noch wert sind.

Versuchen Sie es doch, nur so zur Probe. Sagen Sie „Privatleben", zucken Sie mit den Schultern und machen Sie: „Pf ...!"

...

Fühlt sich schon ein wenig bedrückend an, nicht wahr? Machen wir also weiter mit unseren Aufräumarbeiten. Wir misten sozusagen aus. Als hätten Sie bisher als Messie gelebt und würden sich endlich und für immer von all den angesammelten Dingen befreien, die sowieso kein Mensch zu irgendetwas brauchen kann. Weg damit!

Sie werden erleichtert sein.

Haben Sie bisher irgendwelche Hobbys gepflegt? Haben Sie Ihrer Kreativität in bestimmten Situationen hemmungslos freien Lauf gelassen? Regelmäßig? Einmal wöchentlich sogar?

Sauber. Ich nicke gerade anerkennend.

Gespielt anerkennend, versteht sich.

Da liegt eine Menge Arbeit vor Ihnen. Sie haben wirklich etwas nachzuholen. Aber es soll ja nie zu spät sein, sagt man. Ich bin ein wenig anderer Meinung. Es gibt durchaus Momente im Leben, in denen alles zu spät ist. Lassen wir es nicht so weit kommen. Legen Sie sich ins Zeug, ich bin ja da, ich stehe Ihnen bei!

Es gilt, Störfaktoren zu identifizieren und auszuschalten. Ganz einfach eigentlich. Aber der Teufel liegt im Detail. Oft verbergen sich kreative Tätigkeiten hinter harmlosen Alltagsbeschäftigungen.

Für den Anfang nenne ich Ihnen einige wenige Freizeitbeschäftigungen, die ohne weitere Diskussion und zeitnah – also sofort – auf den Index gehören. Dann sehen wir weiter.

▷ Musikalische Aktivitäten

Sämtliche Musikinstrumente, Chor, Band, Trommeln auf Gegenständen, Tanzen in jeglicher Form (Tanzkurs, Paartanz, Volkstanz, Ballett, Disco usw.), Rappen, Singen bei Hausarbeit, Singen unter der Dusche.

▹ Andere künstlerische Tätigkeiten
Schreiben (Tagebuch, Briefe, Geschichten, Romane, Sachbücher ...), Malen (Aquarell, Öl auf Leinwand, Spateltechnik, Zeichnen ...), Bildhauern (Marmor, Speckstein, Holz, Metall ...), Fotografieren, Fotos bearbeiten.

▹ Andere kreative Beschäftigungen
Handarbeiten (Stricken, Häkeln, Nähen), Basteln (mit allen vorstellbaren Materialien), Garten- und Wohnungsgestaltung, Kochen, Backen, Sushi rollen.

▹ Passiver Kunstgenuss
Musik hören (MP3-Player, Stereoanlage, Konzerte, Oper, Festivals ...), Bücher lesen (dieses ausgenommen), Ausstellungen besuchen, Vernissagen, Museen, Bibliotheken, Lesungen (meine ausgenommen).

Fällt Ihnen auch noch was ein?

Gar nichts?

Möchten Sie nicht auch einmal etwas beitragen, anstatt nur passiv zu konsumieren?

Keine Ahnung?

Na, selbstverständlich auch alle anderen Hobbys, die mit Begeisterung und Leidenschaft betrieben werden können, wie Modelleisenbahn, Briefmarken, Ikebana, Fremdsprachen, ehrenamtliche Tätigkeiten, Politik, Vorträge, Gesprächskreise und, und, und.

Ach, das hört sich für Sie nach Taliban-Gesetzen an?

Da liegen Sie gar nicht so falsch. Aber denken Sie daran, da draußen gibt es genügend Konkurrenten, für die der Verzicht ein Kinderspiel ist.

Klar, all das aufzugeben wird Ihnen schwerfallen. Sie wehren sich noch. Sie sehen das noch nicht recht ein. Warum alles hergeben, das Ihnen Freude bereitet?

Darum.

Und sind wir doch mal ehrlich, Sie wären ohnehin nie ein Meister Ihres Fachs geworden. Sie dümpeln da im laienhaften Mittelfeld herum, und es ist schlicht albern, wie Sie an etwas festhalten, das doch wirklich keine Zukunft hat und nie irgendeinen Gewinn abwerfen wird. Außer eine innere, teuflische Zufriedenheit, die der Feind allen Fortschritts und eines jeden Burnouts ist.

Vielleicht fällt es Ihnen leichter, diesen Punkt umzusetzen, wenn Sie die Hintergründe verstehen. Denken Sie mit! Es nützt ja nichts, wenn Sie alles brav erledigen, aber die Zusammenhänge nicht begreifen und verinnerlichen. Sie würden das Buch weglegen und nach kurzer Zeit nachlässig und rückfällig werden und schon bald wieder im alten Sumpf landen. Burnout ade. Also strengen Sie Ihren hübschen Kopf mal ein wenig an.

Der gemeinsame Nenner der genannten Tätigkeiten ist, dass die Ausführenden um sich herum alles vergessen. Zum Beispiel ich jetzt, während ich dies schreibe. Ich vergesse, dass mein erstes Buch kein Bestseller geworden ist und ich weiterhin wie alle anderen 08/15-Menschen mein Brot durch echte Arbeit verdienen muss. Vergessen! Oder dass ich deshalb morgen wieder nicht zum Schreiben kommen werde, schlechte Laune vorprogrammiert, auch vergessen! Dass ich die Steuer noch machen muss und das Finanzamt mich auch in diesem Jahr wieder unbotmäßig zur Kasse bitten wird, vergessen, ganz weit weg! Ich vergesse sogar, dass ich Hunger auf Pizza habe und dass ich müde bin!

Raum und Zeit verschwinden um jene Menschen, die konzentriert und mit Leidenschaft etwas tun und kreativ mit etwas beschäftigt sind. Plötzlich sind Stunden vergangen, wenn Sie das erste Mal auf die Uhr sehen. Sorgen, Kummer, Ärger und Gefühle von Leere und Aussichtslosigkeit treten zurück und strecken die Waffen gegen diese Sache, die Sie mit solchem Eifer und solcher Hingabe betreiben.

Es gibt Forschungen zu diesem Zustand. Man nennt ihn „Flow". Irgendetwas fließt da, und wir wissen nicht, wohin. Wie unter Drogeneinfluss verändert sich unser Bewusstsein, und wir sind eins mit dem, was wir tun, wir leben endlich und vollständig im Hier und Jetzt.

…

Entschuldigung, aber ich muss mich gleich übergeben.

Das ist doch nicht zu fassen. Hören Sie auf mit diesem Quatsch!

Ach, Sie haben ein tolles Buch gelesen über Achtsamkeit, Gelassenheit und so was alles?

Erwischt!

Sie sollten doch aufhören, Bücher zu lesen. Jetzt wissen Sie hoffentlich auch, warum.

Im Hier und Jetzt leben, wie bitte? Und wer schließt dann noch Versicherungen und Bausparverträge ab, wer geht zur Arbeit, wer wird Mitarbeiter des Monats, und wer bekommt dann noch Burnout? Hä?

Bitte gehen Sie in sich und forschen Sie selbstständig weiter, welche Tätigkeiten in Ihrem Privatleben kreatives Potenzial beinhalten. Seien Sie ehrlich zu sich. Welche Hobbys halten Sie in Ihrem Keller versteckt? Hm? Räumen Sie diesen Keller aus und entledigen sich dieser Aktivitäten, die Sie nur aufhalten und ablenken und die dafür sorgen, dass Sie psychisch gesund bleiben. Wozu?

Trauen Sie sich doch mal was. Seien Sie ein einziges Mal mutig.

Wie immer gibt es eine lohnende Ausnahme. Wenn schon Hobby, dann Verein und Vorstand des Vereins! Werden Sie also aktives Mitglied und übernehmen Sie ein wichtiges Amt. Ehrenamtlich natürlich. Alle anderen Mitglieder, passiv oder aktiv, sollten Ihre Handynummer haben. Sie bieten an, dass man Sie bei allen Fragen und Problemen jederzeit kontaktieren kann. Sie sind für die Finanzen, die gemeinsamen Unternehmungen und für alles andere zuständig.

Und erwarten Sie bitte keinen Dank. Alle werden ständig etwas daran auszusetzen haben, wie Sie Ihre Funktion ausfüllen. Den einen sind Sie zu passiv, den anderen zu dominant. Es macht den Menschen einfach Freude, andere machen zu lassen und dann zu meckern und zu beanstanden. Und diese anderen, die sich wahnsinnig engagieren und trotzdem nichts richtig machen können, das sind in dem Fall eben Sie. Selber schuld. Hätten Sie halt nicht wieder „Hier!" geschrien, haha!

Die Kritik sollte jedenfalls dazu führen, dass Sie sich mehr bemühen und noch mehr Zeit, Geld und Energie investieren. Machen Sie den Zweck des Vereins zu Ihrem Lebenszweck außerhalb Ihrer Arbeit. Sehr schnell werden Sie merken, wie aus Ihrem Hobby plötzlich ARBEIT geworden ist und wie sich alle Mechanismen, die Ihnen schon im Job das Leben schwer machen, wiederholen.

Sie kommen da einfach nicht raus. Immer vorne dran, immer der nützliche Idiot. Da kann man nichts machen.

Aber Sie schaffen das schon!

7. ESOTERIK: JA – SPIRITUALITÄT: NEIN

Die Auseinandersetzung mit sprituellen Themen kann ein Hemmnis darstellen auf dem Weg in den Burnout. Aber es gibt erhebliche Unterschiede.

ERLAUBT

Alle Sekten (christliche Extremisten eingeschlossen) sowie

sämtlicher esoterischer Unsinn, der dazu da ist, die Menschheit zu verblöden und damit Umsatz zu machen, wie Astrologie, Wahrsagerei, Aurasanierung, Alienkontakte, Begegnung mit Verstorbenen, Geistheilung und so weiter und natürlich Scientology.

Das alles spielt für unseren Burnout keine Rolle. Geben Sie ruhig Ihr schwer verdientes Geld für solche verzweifelten Versuche aus, irgendeinen Sinn in Ihrem Dasein zu erkennen. Sie werden keinen finden. Sich nicht besser fühlen, nicht gelassener werden, nicht glücklicher. Dienstleistungen und Produkte aus diesem Bereich haben keinerlei Effekte außer Verschuldung und noch größere Verzweiflung, die dann zu weiteren Mehrausgaben für ähnliche Angebote führt.

Am besten gefällt mir das Postulat: Für Schicksal, Gesundheit und Gelingen im Leben sind allein die innere Einstellung, der Gleichklang irgendwelcher Energien oder die Verbindung zu irgendwelchen Kräften, die eigene Gedankenwelt und die (natürlich positive) Erwartung an die Welt maßgebend. Jeder kann glücklich sein, wenn er es nur will!

Umkehrschluss: Wer nicht glücklich ist, sondern sich mit Schicksalsschlägen, psychischen Problemen, Krankheiten und Misserfolgen konfrontiert sieht, hat zwangsläufig und ja auch offensichtlich etwas falsch gemacht. Also nicht richtig gewollt, nicht richtig gedacht, nicht richtig geglaubt, nicht richtig gelebt im Leben davor, nicht richtig mit sich und dem Universum eine Einheit gebildet.

Das ist toll! Da muss man doch gleich das nächste Seminar buchen bei einem Menschen, der zwar ein wenig schräg und geldgierig erscheint, der aber weiß, wie es geht, Glück, Erfolg, Gesundheit und Liebe, vor allem ganz viel Liebe, das strahlt dieser Mensch aus, wahnsinnig viel Liebe, da braucht er einen nur anzusehen, und schon fühlt man sich geliebt, und alles wird gut.

Nicht? Tja, da waren Sie wohl noch nicht so weit. Also gleich ein neues Seminar buchen, vielleicht ist noch etwas zu retten.

Ich kannte mal eine Frau, die an einem Leberkarzinom litt und außerdem eine Panikstörung, eine ziemlich schwere Depression und eine posttraumatische Belastungsstörung hatte. Nach Monaten ohne Behandlung und nach einem akuten Zusammenbruch kam die Frau in eine Klinik. Ihr Zustand war psychisch wie somatisch erschreckend, sie wies psychotische Symptome auf, und ihre Prognose hinsichtlich der Krebserkrankung hatte sich massiv verschlechtert. Zu diesem Zeitpunkt hatte sie bereits 37 000 Euro für einen Geistheiler ausgegeben, ja, siebenunddreißigtausend. Er hatte sie beschworen, ihre körperliche Erkrankung könne man nur körperlich heilen, weshalb sie Sex mit ihm haben müsse, um gesund zu werden. Nur so könne er seine übernatürlichen Kräfte auf sie übertragen. Und weil ihn das besonders fordere, sei diese Form der Behandlung leider auch etwas teurer, und sie müsse aufgrund der Schwere ihres Zustandes auch öfter und regelmäßig durchgeführt werden.

Die Frau nahm für ihre kleine Wohnung, die sie von der Mutter geerbt hatte, eine Hypothek auf, um die Kosten für die „Behandlung" tragen zu können. Es war klar, dass sie den Kredit niemals würde zurückzahlen können. Als ich sie kennenlernte, stand eine Zwangsversteigerung der Wohnung unmittelbar bevor.

Sehen Sie? Ein schlimmes Beispiel. Grausam, ich weiß. Aber wir können alle etwas daraus lernen. Wir müssen ja nicht gleich in einer psychiatrischen Abteilung landen, haben aber im Zweifelsfall auch nichts dagegen, wenn es der Sache dient.

Sie schon?

Nun denn.

Sollten Sie sich bereits auf dem Weg in eine ernst zu nehmende Krise befinden und nach Heilung suchen, orientieren Sie sich einfach an gelb- und lilafarbenen Angeboten, die von der Krankenkasse nicht bezahlt werden. Mehr sage ich nicht.

Das alles hat nichts, rein gar nichts mit Spiritualität zu tun. Das ist meine persönliche Meinung, alles natürlich rein subjektiv und ohne Gewähr. Ich bin keine Geistheilerin, leider, mein Kontostand kann ein Lied davon singen.

Von Kirche und Religion lasse ich in dem Zusammenhang übrigens die Finger. Was es darüber zu sagen gäbe, kann meines Erachtens in den Nachrichten verfolgt werden. Ich habe nichts hinzuzufügen. Als ich im Alter von

13 Jahren im Christlichen Verein Junger Menschen aktiv war, blieben jegliche pubertäre Sinnfragen unbeantwortet, und ich war weder schlauer noch weniger schlau, als ich mit Gebeten, Jugendfahrten und Bibelkreisen Schluss machte, um mich intensiver den Besonderheiten der ersten Liebe widmen zu können.

Auch das Wort zum Sonntag wird Sie weder beeinträchtigen noch sonderlich voranbringen oder Ihnen irgendwie weiterhelfen. Ich frage mich nur manchmal, warum diese Sendung für Sechsjährige nicht im Kinderkanal, sondern ausgerechnet am Samstagabend ausgestrahlt wird, wenn gut behütete Sechsjährige eigentlich längst im Bett sein sollten. Vielleicht ist das die wahre spirituelle Frage, die im Wort zum Sonntag verhandelt wird, und ich als Erwachsene habe mein Herz schon so sehr verschlossen, bin schon so abgestumpft, dass mich die Antworten abends um zehn einfach nicht mehr erreichen. Wer weiß? Uns kann es egal sein.

VERBOTEN

Das ist jetzt wirklich wichtig. Es geht um Sinnfragen, die Sie sich nicht stellen sollten. Um größere Zusammenhänge. Um die eigenen Sorgen und das eigene kleine Leben in Relation zur Welt.

Zu meiden sind spirituelle Erlebnisse, die als solche vielleicht gar nicht in Erscheinung treten, die aber umso verheerender in der Wirkung sein können, wie zum Beispiel:

Die Aussicht vom Gipfel eines Dreitausenders nach schweißtreibendem Aufstieg.

Eine Nacht in der Wüste.

Das Lächeln einer dementen, einhundertjährigen Frau.

Der Blick eines Wals, der sich mit seiner beeindruckenden Masse neben Ihrem Boot aus dem Wasser erhoben hat und Sie mit einem winzigen, wachen Auge einen Moment lang ansieht.

Ein Konzert von den Toten Hosen.

Abschied, Geburt, Tod.

Die Zerstörung eines NPD-Plakates.

Ein Orgasmus, herbeigeführt durch Oralsex.

Bitte fügen Sie selbstständig weitere sprituelle Erlebnisse hinzu. Wann noch gibt es sie, diese seltenen, eigentlich kostbaren Augenblicke in unserem Leben, in denen wir echte Demut erleben?

Wir sind dann einen kurzen Moment lang nicht mehr das Zentrum der Schöpfung, des Universums und der menschlichen Existenz, sondern nur noch ein kleiner, gar nicht so wahnsinnig bedeutender Teil davon.

Wunderbar. Es kann so entlastend sein, sich weniger wichtig, weniger groß und weniger einzigartig zu fühlen. Der Horizont weitet sich. Ganz neue Fragen drängen an die Oberfläche.

Will ich das eigentlich sein, dieser dumme Hamster in seinem Rad? Bin ich auf der Welt, um mit Inbrunst den Relaunch einer Marke für Damenbinden vorzubereiten? Oder um das neueste, Karies verursachende, zuckrige, süchtig machende Kindermüsli zu erschaffen? Ist mein Chef tatsächlich der wichtigste Mensch der Welt für mich? Liebe ich Hotelzimmer, Hotelbetten und Hotelfrühstück? Ist mein Gehalt als Schmerzensgeld hoch genug oder müsste es nicht dreimal so hoch sein, gemessen an der Bedeutungslosigkeit der Aufgabe, der inneren Qualen und vergeudeten Lebenszeit? Warum existiere ich? Wie viele Sommer werde ich noch erleben? Was sind meine Träume? Was habe ich jetzt vor? Gibt es eine andere Abteilung, eine andere Firma, einen anderen Job, ein anderes Leben für mich?

Aufgepasst! Ohne es zu merken, sind Sie gerade ins NACHDENKEN gekommen. NACHDENKEN schadet nachweislich dem Bruttosozialprodukt, dem Aktienkurs und Ihrem Burnout.

8. NACHDENKEN VERMEIDEN – GRÜBELN ÜBEN

Wer nachdenkt, stellt infrage, prüft Alternativen, sucht nach Lösungen. Sie sollen aber keine Lösung finden! Darum geht es doch, es darf keinen Ausweg geben! Ende der Sackgasse, hinsetzen, verzweifeln.

Wenn Sie nachdenken, entdecken Sie plötzlich diesen kleinen Fußweg, der aus der Sackgasse hinaus und in eine wunderschöne, barocke Parkanlage führt. Sie breiten die Arme aus, atmen tief ein, und dann laufen Sie los und sind für uns verloren, weg, futschikato, kein Burnout. Stattdessen Kieswege, alte Ulmen, Blumenbeete, Vogelgezwitscher.

Schlimm, sage ich Ihnen.

Bestimmte Situationen regen zum Nachdenken an und sollten entsprechend von vornherein gemieden werden. Haben Sie das Kapitel über Spiritualität aufmerksam gelesen? Gut. Wenn man nicht aufpasst, kommt man allerdings auch während ganz alltäglicher Beschäftigungen ins Nachdenken. Fenster putzen, spazieren gehen, in der Badewanne liegen. Sieht vollkommen harmlos aus, ist es aber nicht. Denn wenn Ihr hübsches Köpfchen nichts zu tun hat, schweifen die Gedanken ab und gehen ihrerseits spazieren. Schwupp, erwischt, schon denken Sie nach! Also müssen Sie sich selbst beim Nachdenken stören und Ihr Gehirn mit etwas anderem beschäftigen. Stellen Sie sich das als eine Art Beschäftigungstherapie vor.

Wichtig: Es muss laut sein. Stille verleitet zum Denken. Hören Sie zum Beispiel Radio, wenn Sie putzen. Und zwar einen dieser schrecklichen Sender, in denen man angeschrien, geduzt und mit Werbung bombardiert wird. Wer zum einhundertsten Mal „Ich bin doch nicht blöd" um die Ohren gehauen bekommt, wird es zu guter Letzt sein, blöd, meine ich. Und wer immer wieder vorgesungen kriegt, dass Carglass repariert UND austauscht, kann nicht mehr denken, glauben Sie mir.

Wenn Sie regelmäßig zu Fuß unterwegs sind, an sich schon keine gute Idee, sollten Sie zum Beispiel telefonieren, während Sie laufen. Wozu haben Sie denn ein Handy? Rufen Sie jemanden an, der viel spricht, aber wenig zu sagen hat. So verhindern Sie Nachdenken und stellen sich gar nicht erst unbequeme Fragen.

Über Badewannen muss ich eigentlich nichts mehr sagen, oder? Wir hatten doch ausgemacht, dass Sie Ihre überhaupt nicht mehr benutzen. Schon wieder vergessen?

Also wenn Sie jetzt schon drinliegen, dann liegen Sie wahrscheinlich nicht einfach nur so da, sondern fangen zu allem Unglück auch noch an, Ihr unterfordertes Gehirn mal ein wenig arbeiten zu lassen. Lassen Sie es nicht so weit kommen! Sie könnten lesen. Nein, Bücher haben wir gestrichen (außer dieses hier), aber eine Zeitschrift darf es in so einer Lage ausnahmsweise einmal sein. Viele Bilder, sagen wir mal, von Königen, wenig Text, dann sind Sie auf der sicheren Seite. Nichts Anspruchsvolles, sonst bleiben Sie an etwas hängen, überlegen ein wenig hier und ein wenig da, und ehe Sie es sich versehen, sind Sie am Nachdenken.

Ich hoffe, das ist jetzt deutlich, und Sie wissen, wie Sie das Problem anzugehen haben. Aber Ihr Gehirn lässt nicht so leicht locker, Sie werden sehen. Es ist wie ein kleines Äffchen, dem sehr schnell langweilig wird, und dann braucht es etwas zu tun. Halten Sie durch. Denken Sie nicht. So schwer es Ihnen auch fällt.

Zum Glück gibt es eine Alternative zum Nachdenken, die wahre Wunder wirkt und die ich Ihnen nicht vorenthalten möchte: die hohe Kunst des Grübelns. Grübeln ist nicht Denken, Grübeln ist Selbstzerstörung. Ohne Grübeln kein Burnout, möchte ich behaupten. Wenn Nachdenken produktives Chaos ist, dann ist Grübeln gnadenlose Ordnung. Es geht immer strikt in eine Richtung und immer im Kreis.

Nehmen wir noch einmal das Bild von der Sackgasse zu Hilfe. Sie sind da hineingeraten und sitzen fest. Und nun denken Sie nicht etwa darüber nach, wie Sie aus der Sackgasse wieder herauskommen könnten, ob Sie umdrehen, jenen Fußweg suchen oder jemanden bitten sollten, Sie abzuholen. Nein, Sie grübeln.

Wie konnten Sie nur so dumm sein, ausgerechnet in dieser Sackgasse zu landen? Und passiert Ihnen das nicht dauernd im Leben? Warum gerade Ihnen? Wären Sie doch nicht abgebogen! Wären Sie doch gar nicht erst aus dem Haus gegangen! Hätten Sie sich nur damals diese Schuhe nicht gekauft! Wie soll es nur weitergehen mit Ihnen! Wie trostlos, bedrückend und entsetzlich langweilig Ihre momentane Lebenssituation ist! Und wie viel schlimmer es noch werden wird! Höchstwahrscheinlich werden Sie überfallen, überfahren oder verhaftet werden. Ihnen wird nie etwas Gutes passieren. Ihnen ist nichts zuzutrauen. Sie taugen einfach zu absolut gar nichts. Warum sind Sie überhaupt auf die Welt gekommen? Wenn Sie doch allen nur eine Last sind und keiner Sie leiden kann?

Kein Wunder übrigens.

Wichtig ist, intensiv über die schlimme Vergangenheit und die aussichtslose Zukunft nachzugrübeln und dann sehr daran zu leiden. Noch wichtiger ist, sich selbst zuerst infrage zu stellen und nach längerem Weitergrübeln sich schließlich zu hassen und zu verurteilen.

Vergleiche sind gut. Mit Leuten, die es besser machen, besser können, besser wissen und vor allem besser haben, die besser aussehen, die reicher und jünger sind, liebenswerter, erfolgreicher, begabter.

Und immer schön im Kreis herum und nie die Richtung wechseln.

Zunächst werden Sie an bestimmten Themen hängen bleiben und diese immer wieder durchkauen. Mit etwas Übung wechseln dann Themen, Schauplätze und Personen ganz beliebig, aber immer mit dem gleichen niederschmetternden Ergebnis, dass es leider keinen Ausweg und keinerlei Hoffnung für Sie gibt. Und dass Sie es außerdem auch nicht anderes verdient haben.

Grübeln Sie vorzugsweise nachts und im Bett. Im Dunkeln blähen sich Probleme wunderbar auf. Auch kleinste Schwierigkeiten mausern sich zu monströsen Hindernissen, die unüberwindlich sind. Wälzen Sie sich hin und her. Bleiben Sie liegen, auch wenn Sie ums Verrecken nicht einschlafen können. Das kann Stunden dauern und ist Ihre gerechte Strafe. Wofür? Grübeln Sie weiter, es wird Ihnen schon wieder einfallen! Grübeln führt niemals zu Lösungen oder Veränderungen, aber immer zu innerer, endloser Qual. Wer grübelt, dem fällt nichts ein, verstehen Sie? Wer grübelt, wehrt sich nicht, macht niemals etwas anders, arbeitet nicht weniger oder weniger angestrengt, kündigt nicht und geht auch nicht zum Arzt. Wer grübelt, ist an allem selbst schuld und muss da durch. Wer grübelt, macht so weiter, und das wollen wir doch, weitermachen, immer weiter, bis wir endlich und endgültig zusammenbrechen.

Dann werden alle schon sehen!

9. NUR SO ZUM SPASS – DIE SCHWEREN FOLGEN ZWECKFREIER VERGNÜGUNGEN

Können Sie sich das leisten, etwas nur so zum Spaß zu tun?

Nein. Ich nehme die Antwort gleich mal vorweg, damit Sie sich keinen Illusionen mehr hingeben. Vergessen Sie es. Mit zweckfreien Aktivitäten *nur so zum Spaß* sind Sie jetzt fertig.

Das beste Beispiel sind Haustiere. Ein Tier im Haus zu haben ergibt überhaupt keinen Sinn. Haustiere kann man nicht essen, sie geben auch keine Milch, sie machen Dreck. Und wenn sie sterben, was passieren wird, auch hier bitte keine Illusionen, dann weint die ganze Familie, und die Kinder sind traumatisiert. ABER: HAUSTIERE MACHEN FREUDE.

Zumindest, wenn Sie dafür anfällig sind. Und das sind Sie, wenn Ihnen das Herz aufgeht, sobald ein Hund auf dem Teppich liegt und ohrenbetäubend schnarcht oder wenn eine mörderische Katze Sie uneigennützig mit einer toten Maus beschenkt.

Und jetzt die Frage: Wollen Sie tatsächlich so viel Zeit, Geld und Liebe in etwas investieren, das rechtlich als Sache behandelt wird? Die Antwort lautet wiederum: Nein. Das wollen Sie nicht, wenn Sie mir weiter in den Burnout folgen wollen.

Wir haben schon Sport, Hobbys und alles Kreative verbannt, und nun sind eben diese Zeitfresserchen dran, diese Blutsauger, die zu nichts nutze sind und Sie ablenken von Ihrer Arbeit und von Ihren Problemen in Ihrer Arbeit, die doch von jetzt an im Vordergrund stehen sollten.

Das Beispiel mit den Haustieren sollte das Thema ja nur veranschaulichen. Bringen Sie Ihren Hund ins Tierheim und stöbern Sie dann nach weiteren Sinnlosigkeiten in Ihrem Privatleben, die nirgendwo hinführen.

Mit einer Freundin die Nacht durchquatschen, um die Häuser ziehen, Skatrunden, Kegelabende? Sie werden am nächsten Morgen mit Kopfweh zur Arbeit gehen und sich fragen: Musste das sein? Nein, das war unnötig! Schämen Sie sich!

Oder noch schlimmer, Sie liegen bis Mittag im Bett, schlafen sich aus. Und wer kümmert sich dann bitte schön um Ihren Haushalt? Das fällt langsam auf, dass Sie die Blätter auf der Straße einfach liegen lassen. Und dass Ihre Rollläden wieder bis 12.37 Uhr geschlossen waren! Ein halbwegs anständiger Mensch würde sie wenigstens zum Schein hochziehen, damit die Nachbarn vom liederlichen Treiben nichts mitbekommen.

Habe ich schon gesagt, dass Ausschlafen und Mittagsschläfchen sowieso streng verboten sind?

Da fällt mir ein: Fußball! Gibt es etwas Spaßigeres und Sinnloseres, als FUSSBALLFAN zu sein? Niemals!

Und deswegen, ja leider, es tut mir sooo leid, aber Sie müssen damit aufhören. Traurig, aber wahr. Wenn Sie irgendetwas verstanden haben von dem, was ich Ihnen seit über 200 Seiten zu erklären versuche, dann lassen Sie ab von Ihrem Tun! Schlachtengesänge, hysterischer Jubel und Tränen echter Männer, das kann ich nicht durchgehen lassen. Wirklich, ich bin untröstlich, aber manches geht einfach absolut nicht. Und seien Sie doch mal ehrlich, wollen Sie tatsächlich die FIFA, diese Mafia, bei ihren korrupten Geschäften unterstützen? Oder wollen Sie einer Mannschaft zujubeln, die nie verliert und bei feierlichen Anlässen Lederhosen trägt? Der Präsident dieser Mannschaft sitzt im Gefängnis, das ist die Realität, der Sie sich stellen sollten. Und von den Zweitbesten wollen wir bitte gar nicht erst anfangen.

Suchen Sie sich, wenn schon, denn schon, einen Verein aus, der hartnäckig verliert und jede Saison in die zweite Liga absteigt. Das ist theoretisch gar nicht möglich, aber es passiert in diesem Land, in jedem Sommer wieder!

Und hören Sie auf, Fernsehsendungen zu sehen, die Sie zum Lachen bringen oder sonst wie Vergnügen bereiten. Dokumentationen über Krisen- und Kriegsgebiete, über unheilbare Krankheiten, aussterbende, putzige Tiere, über Massentierhaltung, Klimakatastrophe, misshandelte Kinder und unterdrückte Frauen sind okay. Spielfilme, in denen wenig gesprochen wird und es immer regnet und sich die Liebenden niemals kriegen, gehen auch noch.

Doch sobald Sie über etwas schmunzeln müssen, sollten Sie sich Ihrer schwierigen Situation wieder bewusst werden und besser auf einen Bericht über Verelendung durch Arbeitslosigkeit umschalten.

Ich möchte Sie an dieser Stelle auch an Ihre moralische Verantwortung erinnern. Spitzen wir doch das Thema Spaß ein wenig zu und machen ein ganz großes Fass auf, damit Sie die Schädlichkeit von Spaß in einem noch größeren Zusammenhang begreifen.

Exkurs: *Spaßgesellschaft, Askese und globale Verantwortung*

Ich muss ein Geständnis ablegen. Es wird Ihnen nicht gefallen, aber wir wollen doch ehrlich miteinander sein. Ich liebe sie, unsere fitnessversessene, jugendwahnhafte und pseudogesundheitsorientierte Lebensweise. Ich liebe Askese, Bioläden, Alkoholabstinenz und Rauchverbote.

Sie nicht?

Tja, dann haben Sie etwas Wichtiges im Leben noch

nicht verstanden. SIE SIND NÄMLICH NICHT ALLEIN AUF DER WELT!

Wir haben die Welt von unseren Kindern (oder von den Kindern der Nachbarn zum Beispiel) nur geborgt.

Deswegen ist jetzt mal Schluss mit lustig. Oder leben Sie etwa nicht auf Kosten nachfolgender Generationen? Immer gut drauf, immer Spaß, immer „Lebensfreude", und in Afrika sterben kleine Kinder? Und der Konsumklimawandel? Schon einmal darüber nachgedacht? Wahrscheinlich nicht. Stattdessen sitzen Sie wie eine Made im Speck und fressen stumpfsinnig vor sich hin, ein leckeres Lachssteak mit einem schönen Glas Chardonnay vor der Nase, nicht wahr?

Das ist verantwortungslos.

Früher hätte man gesagt, mit Ihnen kann man keinen Krieg gewinnen. Heute sage ich, mit Ihnen ist keine Menschheit zu retten. Und kein Burnout zu machen.

Aber ich werde Ihnen den Spaß schon verderben. Geben Sie mir ein wenig Zeit. Ich nehme es auf mich, Ihre Spaßbremse zu sein. Selbstständig kriegen Sie es ja nicht hin. Ich will, dass Sie sich ein paar Gedanken machen. Das ist nicht zu viel verlangt, meine ich. Es geht um nichts weniger als die modernen Götzen eines hedonistischen Zeitalters. Verantwortlich für Finanzkrise und Rezession, für Klimawandel, Konsumterror, Massentierhaltung und Hunger in der Dritten Welt. In dieser Reihenfolge.

IHRE Genusssucht, IHRE Gier nach Wohlgefühl, IHR Unvermögen, Unlust auszuhalten, ist dafür verantwortlich, dass Robbenbabys und Menschenbabys niemals eine Chance haben. Fühlt sich das etwa gut an? Schuld zu sein? Sie zerstören unseren Planeten! Sie verursachen Waldsterben, Überbevölkerung und Atomkrieg.

Schluss mit Spaß! Die Ersatzbefriedigungsindustrie manipuliert Sie doch nur zu Spaßwesen, die wie Zombies glücklich sind!

Entschuldigung, ich muss an die Plaque in meinen Blutgefäßen denken. Ich muss mich beruhigen. Aber auch ich kann nur ein gewisses Maß an Heuchelei ertragen.

Machen wir weiter.

Hilft ja nichts.

Ich weiß ja, was jetzt kommt. Glauben Sie mir, ich kenne meine Pappenheimer. Sie werden einwenden, es gebe ja jenseits der Ersatzbefriedigung auch eine echte, „ganzheitliche" oder „nachhaltige", meinetwegen klimaneutrale, also irgendeine sinnvolle Form, das Leben zu genießen.

Ja? Welche denn? Mir fällt keine ein. Ihnen?

Die kleinen Dinge des Alltags? Na, Sie sind ja putzig.

Sex? Lesen Sie bitte das Kapitel über Partnerschaft noch einmal.

Mit Freunden in der Kneipe sitzen? Haben wir nicht schon über sogenannte „Freunde" gesprochen?

Ach so, Natur. Das einfache Naturerlebnis. Wir hatten das Thema doch schon einmal im Kapitel über Spiritualität. Wissen Sie, was das Flugzeug, das Sie in den Dschungel bringt, um diese tolle Geräuschkulisse zu hören und gefährliches Viehzeug kennenzulernen, an CO_2 ausstößt? Und wenn wir schon dabei sind, schauen Sie sich das Prinzip Natur ruhig mal genauer an. Zum Beispiel im Dschungelcamp auf RTL, haha.

Na gut, das war ein billiger Gag. Ich gebe es zu. Aber ich muss auch von etwas leben, vielleicht verstehen Sie das.

Ich will ja nur verdeutlichen, dass der Spaßfaktor in der Natur gering ausfallen kann. Mehr nicht. Gehen Sie einfach mal im Winter im Schlafanzug in den Garten. Und? Genießen Sie Ihr kleines Stückchen Natur?

Hören Sie mir auf mit Natur.

Und mit den kleinen Freuden des Alltags.

Die Wahrheit ist, dass Sie jetzt, genau in diesem Augenblick, eine Entscheidung treffen müssen. Wollen Sie den falschen Götzen dienen, sich also Ihren menschlichen Bedürfnissen nach Vergnügen, Lust und Genuss unterwerfen und weiter nichts als Sklave dieser Wünsche sein? Oder wollen Sie sich nicht doch in Ihrem Egoismus zurücknehmen, nicht mehr nur an sich denken und lieber anderen dienen, Ihrer Firma, Ihrem Chef, einer schönen Ideologie vielleicht?

Dann ist ja gut. Bevor Sie es sich gut gehen lassen, überprüfen Sie einfach von nun an die Folgen Ihres Verhaltens.

Wem schade ich im Augenblick? Meinem Tischnachbarn (ich rauchend im Biergarten)? Dem Urwald (ich Richtung Urlaub fliegend)? Mir selbst (die zweite Flasche Wein öffnend)? Meinen Kindern (dem Babysitter ausgeliefert, ich tanzend in der Disco, Entschuldigung, im Club)?

Ein paar mehr Schuldgefühle würden unsere Welt zu einem besseren Ort machen und das verfügbare Volumen an Scheinheiligkeit enorm erhöhen.

Und Sie werden auf die Weise ganz schnell zu einer sauertöpfischen Neinsagerin, zu einem miesepetrigen Eigenbrötler. Niemand kann Sie leiden, niemand sitzt gerne am Tisch mit Ihnen, niemand lädt Sie ein. Sie werden keinen Spaß mehr haben und sich stattdessen auf das konzentrieren, was Sie zu tun, zu vollbringen, zu erledigen und zu leisten haben. Brennen Sie, aber brennen Sie für Ihren Job!

So werden wir Freunde.

10. SCHNELL WIRKSAM: SUCHTMITTEL

Nicht verzweifeln. Alles wird gut. Ein bisschen Spaß ist weiterhin erlaubt. Denn es steht uns eine selbstzerstörerische Variante zur Verfügung, mit der Sie niemandem schaden – außer sich selbst.

Ich spreche über Suchtmittel, stofflicher oder nicht stofflicher Natur. Suchtmittel sind einfach, zuverlässig und berechenbar. Alles, was Sie süchtig betreiben, beschleunigt Ihren Prozess, sich zugrunde zu richten. Sucht kann dabei den Burnout sozusagen überholen, aber das nehmen wir gerne in Kauf. Macht nichts. Umso besser sogar. Dann sparen Sie sich eine relativ überschaubare, leicht zu behandelnde und damit ja auch irgendwie flüchtige Krise wie Burnout und machen gleich Nägel mit Köpfen. Weg vom Konzept Krise, hin zum irreversiblen Schaden, langfristig angelegt und letztlich nur noch durch extrem aversive Maßnahmen und erbarmungslose Abstinenz in den Griff zu bekommen.

Bitte schön. Wenn Sie sich das zutrauen. Dann will ich Sie nicht davon abhalten.

- ▷ Denken Sie nur an den guten alten Freund Alkohol. Nett, so ein Bier am Feierabend, ein gemütliches Glas Wein.

  Aber belassen Sie es nicht dabei! Kippen Sie die ganze Flasche rein, zunächst nur am Wochenende, schließlich haben Sie frei und sich einen kleinen Rausch verdient, wenig später dann auch unter der Woche. Sich am Feierabend zu betrinken ist doch herrlich! Alles wird Ihnen ein bisschen wurscht. Ihre Erschöpfung transformiert sich in eine wunderbare Gliederschwere und tiefe Entspannung. Wer kann oder will Ihnen jetzt noch was? Was ist jetzt noch wirklich wichtig? Stolpern Sie ohne Zähneputzen ins Bett, ist doch egal.

  Und dann? Sie schlafen ruck, zuck ein, fallen in eine Art Koma, traumlos, aber dieses Koma währt nur kurz, sechs Stunden etwa. Sie wachen entsprechend früh auf, durstig, verkatert und mit diesem seltsamen Drang, sich zu bewegen. Sie müssen sich darauf einstellen, erst wieder einzuschlafen, wenn es zu spät ist, weil gleich der Wecker klingelt. Und dann kämpfen Sie sich in den Tag, schleppen sich mit roten Augen in die Arbeit und müssen beweisen, dass Sie es trotzdem draufhaben.

Obwohl diese eine Flasche schon bald nicht mehr reicht am Abend und obwohl die Versuche, irgendein System zur Reduzierung Ihres Alkoholkonsums zu installieren, alle scheitern. Sie werden sich mit der Zeit körperlich fix und fertig und psychisch am Ende fühlen. Sie werden sich hassen. Und noch ein Gläschen trinken, damit Ihnen das wieder egal wird.

▷ Den Fortgeschrittenen empfehle ich durchaus auch härtere Drogen, vor allem Aufputschmittel. Crystal Meth, sage ich nur. Ein absoluter Brandbeschleuniger. Da brauchen Sie sich mit Burnout nicht mehr herumzuschlagen, da sind Sie in kürzester Zeit ein Junkie und stehen Verwertungsprozessen nicht mehr zur Verfügung. Leuten, die Geld haben, gebe ich zwei bis drei Jahre, den anderen ein paar Monate. So viel dazu.

▷ Vom Kiffen rate ich dagegen kategorisch ab. THC, exzessiv konsumiert, kann zwar Psychosen auslösen und Sie in die Klapse bringen, aber der unweigerliche Schwund an Antrieb, Motivation, Konzentration und Gedächtnis ist mit einem Burnout leider unvereinbar. Also Bongs in die Tonne, Cannabispflanzen auf den Kompost und den Dealer mal fragen, was er so zum Wachbleiben und für mehr Leistungsfähigkeit im Angebot hat.

- Oder Sie verschaffen sich eine ADHS-Diagnose, nicht ganz einfach bei Erwachsenen, und holen sich Ritalin ganz legal beim Arzt Ihres Vertrauens ab. Googeln Sie nach der richtigen Ritalin-Tankstelle in der Region, es findet sich immer eine Praxis, die das Zeug kiloweise verordnet. Zitat eines Arztes: „Das ist so harmlos, das könnte man auch im Trinkwasser verabreichen."

  Diese Einstellung wird bestimmt gut vergütet von der Pharma-Industrie. Sie werden sich übrigens tatsächlich besser konzentrieren und insgesamt einwandfreier funktionieren. Ihr Arbeitgeber oder Ihre Ausbildungsstätte werden staunen. Aus Ihnen ist ein kleiner Roboter geworden, der zwar keinen Appetit mehr hat, aber sehr handzahm, gefügig und willig ist. Es wird der Tag kommen, da gibt es Ritalin in der Kantine in einem Spender neben der Zuckerdose und dem Salzstreuer!

▷ Eine banale Kaufsucht ist natürlich wesentlich harmloser, aber auch eine feine Sache. Sie können nicht anders, diese kleinen Belohnungen müssen einfach immer öfter sein, nicht wahr? Dieses eine Kleidchen hier und das Paar Schuhe dort und die schöne Halskette, vom neuen Handy mal ganz abgesehen, und dann der nützliche neue Kochtopf und das Gerät zum Spargelschälen, nur das noch, das ist ja auch reduziert, da sparen Sie ja noch eine ganze Menge!

Das Ganze übersteigt schön langsam Ihren finanziellen Rahmen? Gut so! Wir hatten doch schon über das Thema Verschuldung gesprochen. Also ran! Kaufen und bestellen Sie, was das Zeug hält! Bald wird Ihr Arbeitgeber Sie in der Zange haben, gemeinsam mit Ihrer Bank und Ihrem Insolvenzverwalter. Denen GEHÖREN Sie jetzt. Sie sind nicht länger Herr der Lage oder gar selbstbestimmt und frei. Sie haben sich in ein Joch spannen lassen, und das müssen Sie in Zukunft tragen.

Herzlichen Glückwunsch! Beste Voraussetzungen für einen Burnout!

▷ Auch Essen kann ein Suchtmittel sein. Auf Anorexie und Bulimie möchte ich nicht näher eingehen. Das ist höhere Kunst, das werden Sie nicht so leicht hinbekommen. Aber gründlich abzumagern und Gewicht kiloweise zu verlieren ist ja auch schon ganz nett.

Gewichtsverlust kann ein deutliches Zeichen für das Überschreiten der Belastungsgrenze sein, psychisch, körperlich und emotional. Nicht darauf hören, hatten wir ausgemacht, erinnern Sie sich?

Genauso steht es mit kontinuierlicher, unaufhaltsamer Gewichtszunahme. Frustessen („Jetzt ist eh schon alles egal …"), Stressessen, Belohnungsessen („Nach diesem Tag genehmige ich mir doch wenigstens einen mittleren Schweinebraten oder diese leckere Cremetorte oder jene extrem geile Currywurst und außerdem …"), Trotzessen („Ich werde ja wenigstens noch dieses kleine Stückchen Kuchen …"), Verzweiflungsessen („Was bleibt mir denn sonst noch?").

Wer würde das nicht verstehen?

Das Gute ist, dass alles Essen nur ganz kurz wirkt. Der Schokoriegel kommt unten im Magen an, und schon ist seine Wirkung wieder verpufft. Gegessen sozusagen, haha. Also muss das nächste Stückchen Schokolade dran glauben. Unten, Wirkung vorbei.

Tja, Essen macht eben nicht wirklich satt. Tut mir leid für Sie. Vor allem, wenn Sie Diabetes, Bluthochdruck und superhohe Cholesterinwerte haben. Weiteressen, einfach weiteressen und WEITERMACHEN, genau so weitermachen. Dann haben Sie nicht nur Chancen auf einen Burnout, sondern auch auf ein frühes Ableben.

Fazit: Keine Angst vor Suchtmitteln! Nur Mut! Jeder Mensch hat das Recht, sich zu zerstören und auf ein glückliches, erfülltes, buntes und schönes Leben zu verzichten. Dieses Recht kann Ihnen niemand nehmen, NIEMAND!

KAPITEL VIII:

ERFOLGSKONTROLLE – WÜRDIGUNG – AUSBLICK

Wir sind nun fast am Ende unserer gemeinsamen Reise angekommen. Der Abschied steht vor der Tür.

Ich hasse Abschiede.

Wir werden das sachlich, distanziert und ohne große Worte hinter uns bringen. So viel haben wir doch jetzt schon gelernt, nicht so viel Aufhebens um Gefühle und innere Befindlichkeiten zu machen.

Mich interessieren zum Schluss noch zwei Fragen:

Wie weit sind Sie gekommen?

Und sollten Sie es wider Erwarten bis zum Burnout geschafft haben, wie lässt sich der Status quo aufrechterhalten?

1. TEST: WAS HABEN WIR ERREICHT?

Bitte beantworten Sie die folgenden Fragen mit einem einfachen STIMMT oder STIMMT NICHT. Schreiben Sie die

Antwort mit Kugelschreiber neben die jeweilige Frage. Seien Sie dabei schonungslos, ja, erbarmungslos ehrlich! Bekommen Sie das hin? Einfach mal nicht lieb Kind zu sein und nicht auf das Lob des Lehrers zu spekulieren? Das bringt doch nichts, wenn Sie es mir nur recht machen wollen.

Vielleicht hilft es Ihnen, dass niemand Ihr Ergebnis zu sehen kriegt. Sie müssen es nicht einsenden oder so etwas. Sollten Sie also komplett versagen und merken, dass Sie noch überhaupt nicht vorangekommen sind, dass Sie total auf der Leitung stehen, und das nicht erst seit gestern, dann merkt das niemand. Nur Sie, Sie ganz allein. Was haben Sie zu verlieren?

Von mir bekommen Sie keine Standpauke. Ehrlich nicht. Ich verstehe das. Burnout ist kein Zuckerschlecken und nichts für Weicheier. Ich bin die Letzte, die dafür Verständnis, äh kein Verständnis aufbringen würde. Also los.

- Ich lache manchmal.
- Ich plane gerade den nächsten Urlaub.
- Ich begehre/verehre/liebe/hasse meinen Chef/meine Chefin nicht.
- Ich arbeite (manchmal) gern.
- Ich bin zu einer Fortbildung angemeldet.
- Ich lese ein Buch.
- Ich schlafe durch.
- Ich hasse/verabscheue/verachte meine Kolleginnen/Kollegen nicht.

- Ich bin in der Gewerkschaft/im Betriebsrat/im VDK/ im Sportverein/in einer Band.
- Ich brauche Zeit für mich.
- Ich treffe hin und wieder eine Freundin/einen Freund.
- Ich besitze eine Modelleisenbahn/ein Fitnessgerät/ einen Liebhaber/eine gemütliche Wohnung/eine Musikanlage.
- Ich tanze/singe/schwimme (manchmal).
- Ich finde mich/andere ganz in Ordnung.
- Ich akzeptiere Durchschnitt und Mittelmaß.
- Ich gehe regelmäßig in die Sauna.
- Arbeit ist das halbe Leben.
- Ich halte Mittagsschlaf.
- Ich habe Sex (einmal täglich/wöchentlich/monatlich/jährlich).
- Ich mag meinen Partner/meine Partnerin/meine Kinder/Menschen.
- Ich besitze einen Liegestuhl/eine Hängematte/ein Sofa/ein Kissen/eine Decke/eine Yogamatte.
- Ich spreche mit anderen Menschen über meine Belange/Sorgen/innere Befindlichkeit/Gefühle/ Pläne/Belastungen/alles.
- Ich bin fit und gut drauf.
- Ich will das auch bleiben.

Sie sind durchgefallen, wenn Sie eine der Fragen mit STIMMT beantwortet haben.

Tja, ist halt so.

Ich kann's doch auch nicht ändern. Dann sind Sie halt durchgerasselt. Mit Karacho.

Ist ja nicht so schlimm. Sie haben Ihre und meine Zeit verschwendet und wieder einmal jemanden enttäuscht. Macht nichts! Das kennen Sie ja schon!

Sie werden natürlich sagen, ich hätte Sie nicht richtig vorbereitet, und das Buch habe seinen Sinn und Zweck nicht erfüllt.

Klar! Schuld sind ja immer die anderen!

Ich gebe mir hier jede erdenkliche Mühe, aber MEIN BUCH ist es dann gewesen.

Es könnte auch sein, dass Sie sich einfach nicht genug angestrengt haben. Wäre ja nicht das erste Mal. Das nennt man Anstrengungsvermeidung. Ich nehme das jedenfalls nicht auf meine Kappe, wenn Sie alles nur so wischiwaschi machen und Ihnen für die schmerzhaften Einschnitte und Veränderungen die Motivation und der richtige Biss fehlen.

Sie haben es einfach nicht genug gewollt. Wollen Sie denn irgendetwas so richtig? Immer schön den Weg des geringsten Widerstandes gehen, gell?

Sie können jetzt nur eines tun, um verlorenes Vertrauen zurückzugewinnen.

Kaufen Sie das Buch noch einmal. Das alte können Sie nicht mehr verwenden, Sie haben ja gerade darin herumgekritzelt. Also nehmen Sie ein neues zur Hand und fangen von vorne an zu lesen. Aber diesmal bitte mit ein bisschen mehr Ernsthaftigkeit und Engagement! Proaktiv, Sie müssen proaktiv vorgehen! Was soll ich Ihnen anderes raten? Ohne Fleiß kein Preis, das haben Sie gerade mal wieder bewiesen.

Und dann schauen wir einfach mal. Ist ja noch nicht aller Tage Abend. Auch wenn es im Moment so aussieht.

Ach, Sie haben alle Fragen mit STIMMT NICHT beantwortet? Gratulation! Aus Ihnen kann noch etwas werden. Wirklich.

Wenn Sie nicht geschummelt haben. Zwinker, zwinker!

Na? Nicht doch das eine oder andere zu Ihren Gunsten verdreht?

Schauen Sie mir in die Augen!

Sie werden ja rot!

Also wirklich. Einmal im Leben hätten Sie mal über Ihren Schatten springen und ehrlich sein können. Wir sind doch hier nicht im Kindergarten.

Andererseits nötigt mir Ihr Opportunismus auch Respekt ab. Sie wollen es mir recht machen und das Ganze möglichst unbeschadet hinter sich bringen. Keine Spur von Persönlichkeit. Sie lügen lieber, als dass Sie unangenehmen Wahrheiten und mir, Ihrer wohlwollenden, kompetenten und erfahrenen Autorin, offen ins Gesicht sehen.

Irgendwie gefallen Sie mir. Sie können es schaffen. Wenn Sie das Buch noch einmal kaufen und noch einmal durchgehen. Wirklich, ich bin Ihnen nicht böse!

Bleiben Sie dran und machen Sie weiter. Ich gebe kein Schäfchen verloren.

In dem unwahrscheinlichen Fall, dass Sie doch alle Fragen wahrheitsgemäß mit STIMMT NICHT beantwortet haben, sind Sie vorne dran, keine Frage. Ein Musterschüler, ein Burnout-Streber. Sie sind mir fast ein wenig unheimlich!

Aber für Sie gilt: nur nicht auf den Lorbeeren ausruhen. Das ist eine gefährliche Phase, in der Sie sich befinden. Es geht Ihnen schlecht. Der Leidensdruck nimmt zu. Nichts macht Ihnen mehr Freude, Sie sehen keinen Sinn mehr in allem?

Vorsicht! Sie könnten sich zu etwas hinreißen lassen! Das wäre verständlich, aber wollen Sie das Erreichte aufs Spiel setzen? Nach all den Mühen? Sie haben sogar Ihr Sofa abgeschafft! Ihr Sofa! Und das soll vergebens gewesen sein?

2. WEGE AUS DEM BURNOUT? DRANBLEIBEN UND DRINBLEIBEN!

Bitte prägen Sie sich folgenden Satz genau ein:

BURNOUT IST UMKEHRBAR.

Haben Sie das verstanden?

Noch einmal:

BURNOUT IST UMKEHRBAR.

Ich will mir das gar nicht ausmalen. Meine Besten unterschätzen das Risiko und fangen an, Fehler zu machen, und plötzlich sind sie draußen und stehen wieder am Anfang.

Nein, nicht mit mir!

Ich werde Sie warnen, und wenn es das Letzte ist, was ich tue.

Lesen Sie die folgenden Punkte sorgfältig durch, dann sind Sie gewappnet. Es gibt Wege aus dem Burnout, aber Sie müssen sie nicht gehen.

- ▹ Arbeiten Sie um Himmels willen immer weiter! Arbeitspausen lassen die Erschöpfung spürbar werden. Sie machen nachdenklich und öffnen den Blick. Auf einmal gibt es wieder Möglichkeiten.

  Bleiben Sie auf keinen Fall zu Hause! Lassen Sie sich nicht krankschreiben. Nehmen Sie Ihre Urlaubstage nicht am Stück. Die Folgen könnten verheerend sein. Sie könnten Bilanz ziehen. Zum Arzt gehen. Irgendwelche Menschen um Rat fragen, die Ihnen Flöhe ins Ohr setzen. Sie könnten diese Flöhe husten hören! Und plötzlich ertappen Sie sich dabei, über Alternativen nachzudenken!

  Ich kenne eine Sekretärin, die einen Hörsturz hatte und tägliche Infusionen benötigte. Vor und nach diesen vertanen Stunden in der Klinik kehrte sie an ihren Arbeitsplatz zurück und rödelte weiter. Das ist tapfer! Das ist vorbildlich!

- Bleiben Sie, wo Sie sind. Wechseln Sie weder Abteilung noch Berufsfeld noch Branche noch Position und Ihren Beruf schon gar nicht. Denn was Sie in den Burnout geführt hat, soll ihn auch aufrechterhalten, das ist meine Meinung. Da darf man es sich auch einmal einfach machen. Alle Bedingungen müssen konstant bleiben. So halten Sie das Risiko gering, plötzlich wie Phönix aus der Asche zu steigen und zu genesen.

  Außerdem, wer will Sie denn schon haben?
  NIEMAND. Glauben Sie mir.

- Reduzieren Sie keinesfalls Ihre Arbeitszeit. Das wäre ja noch schöner. Weniger arbeiten und sich auf die wichtigen Dinge des Lebens konzentrieren?

  Schon eine geringe Reduzierung sorgt für exponentiell wachsende Entlastung. Also auch keine Altersteilzeit, keine Rentenabschläge, durchhalten bis zuletzt!

- Und jetzt kommt's. Jetzt wird es ernst.
  HALTEN SIE SICH VON PSYCHOTHERAPEUTEN FERN!!!

Exkurs: *Super-GAU Psychotherapie*

Es wird immer wieder wohlmeinende Menschen geben, die Ihnen dringend zu einer Psychotherapie raten. Das kann zur fixen Idee werden. Es ist nicht immer leicht zu widerstehen. Sie sollten trotzdem in jedem Fall die Finger davon lassen. Psychotherapie ist ein Albtraum.

Warum?

Ganz einfach, sie wirkt.

Es ist wissenschaftlich erwiesen, dass Psychotherapie psychische Symptome lindert oder sogar auflöst. Nicht immer, aber ziemlich oft. Ich spreche von Ängsten, Depressionen, psychosomatischen Erkrankungen und auch von schwerwiegenden Störungen wie der posttraumatischen Belastungsstörung oder Persönlichkeitsstörungen wie Borderline.

Sie glauben das nicht?

Damit sind Sie nicht allein. Nach wie vor gibt es Vorbehalte gegen Psychotherapie. Aber mal ganz ehrlich, warum sollte der Staat ein Interesse daran haben, Psychotherapie als Kassenleistung zu finanzieren, und zwar in der Regel mit bis zu 100 Sitzungen? Das sind langjährige Therapien, die etwas kosten! Weil die Politik die allseits beliebten Psychotherapeuten subventionieren will? Weil man den sogenannten Patienten ein wenig Selbstverwirklichung gönnen möchte?

Da lachen ja die Hühner.

Der Staat hat den Zugang zu Psychotherapie per Gesetz erleichtert und für eine relativ unkomplizierte Finanzierung über die gesetzlichen Krankenkassen gesorgt, weil Psychotherapie erfolgreich Kosten reduziert. Das heißt, dass Menschen weniger Krankheitstage haben, später in Rente gehen, weniger oft ins Krankenhaus müssen und weniger Leistungen bei Ärzten in Anspruch nehmen.

Verstehen Sie, was das heißt?

Psychotherapie reduziert nicht nur Kosten, sondern auch psychisches Leiden, und was bedeutet das für unseren Burnout? Nichts Gutes, das kann ich Ihnen sagen!

Ist Burnout überhaupt eine psychische „Krankheit"?

Eines steht fest: Burnout ist Leiden. Psychisches, körperliches, soziales Leiden. Entsprechend sind die Betroffenen häufig behandlungsbedürftig. Sie strömen in die psychiatrischen und psychotherapeutischen Praxen. Oft mit der Vorstellung, eine Therapie könnte ihre Leistungsfähigkeit wiederherstellen, sie könnten wieder die Alten werden und weiterfunktionieren. Sie begreifen eventuell erst später, dass gerade dieser Wunsch, um jeden Preis Höchstleistungen erbringen zu können und stets einwandfrei „abzuliefern", sie in ihre bedenkliche Lage gebracht hat. Oder aber es fällt ihnen wie Schuppen von den Augen, dass sie in einem gefräßigen, krank machenden System arbeiten, das es zu verlassen und zu überwinden gilt.

Im Verlauf der Therapie wird erkundet, was die individuellen Ursachen für den Burnout sind, welche inneren und äußeren Faktoren eine Rolle spielen, welche Veränderungen notwendig sein werden und welche psychischen Voraussetzungen wirksam, welche inneren Konflikte des Patienten beteiligt sind.

Die Ergebnisse einer Psychotherapie bei Burnout können entsprechend vielfältig sein – von der Rückkehr an den Arbeitsplatz unter geänderten Vorzeichen bis zum Wechsel des Arbeitsplatzes. Man weiß zu Beginn tatsächlich nicht, wo die Therapie Patient und Psychotherapeut hinführen wird.

Und da sind wir doch schon beim ersten Problem. Sie müssten ein Stück Kontrolle aufgeben, meine Damen und Herren. Sich auf ein Abenteuer mit ungewissem Ausgang einlassen.

Gell, das möchten Sie nicht?

Davon möchten Sie lieber absehen, nicht wahr?

Sage ich doch.

Wer in die Krise steuert, behalte bitte seine Scheuklappen auf und sehe nicht nach links und rechts und schon gar nicht nach innen.

Leute, die in Psychotherapie gehen, sind sowieso fertig, ganz unten, die haben einen Hau und keine Freunde. Stimmt's? So wollen Sie nicht sein! Es nötig zu haben, einem wildfremden Menschen von den innersten Gefühlen und Nöten zu erzählen, ist das nicht unglaublich demütigend? Glauben Sie mir, Sie würden sich zu Tode schämen, mit den anderen im Wartezimmer zu sitzen und zu wissen, da gehöre ich jetzt also dazu, ich bin einer von denen, ich bin gescheitert, ein Schwächling, eine Versagerin, eine Null.

Ich bin da ganz anderer Meinung, aber lassen wir das. Ich halte mich lieber zurück bei diesem Thema. Sie könnten den Eindruck gewinnen, das sei hier der Werbeblock und ein Mittel, meine Praxis vollzubekommen.

Aber Hand aufs Herz, ich muss es jetzt doch loswerden. In Wahrheit halte ich diejenigen für krank und sogar gefährlich, die NICHT den Weg in eine psychotherapeutische Praxis finden. Die wahren Bekloppten in diesem Land gehen niemals in Psychotherapie. Die wirklichen Nullen finden sich nicht in meinem Wartezimmer, die finden sich woanders. Wo, sage ich nicht. Aber achten Sie mal darauf.

So, jetzt ist es raus. Es musste einfach mal gesagt werden. Es tut mir leid. Ich entschuldige mich bei allen, deren Gefühle ich hiermit verletzt habe.

Und übrigens: MEINE PRAXIS IST VOLL.

Ich muss jeden Tag hilfesuchende Menschen abweisen, so voll ist meine Praxis.

Das ist ja das Gute. Selbst wenn Sie einmal schwach werden und einen zaghaften Anruf machen sollten, werden Sie ziemlich wahrscheinlich erst einmal abgewiesen werden. Nur wer Geduld und Spucke mitbringt und in der Lage ist zu warten, unter Umständen sehr lange zu warten, hat die nötige Entschlusskraft und ein Recht auf psychotherapeutische Behandlung. Alle anderen nicht so. Klingt komisch, ist aber so.

Sie können die Wahrscheinlichkeit, einen Platz zu bekommen, zusätzlich gegen null reduzieren, wenn Sie den Anrufbeantworter (es gibt immer nur einen Anrufbeantworter) besonders unangenehm besprechen.

„Mein Name ist Schmidt. Jetzt ist schon zum dritten Mal nur der Anrufbeantworter dran. Ich brauche doch eine Therapie! Ich kann dienstags zwischen sieben Uhr fünfzehn und acht Uhr fünfzehn. Das wäre morgen. Ich erwarte Ihren Rückruf heute bis achtzehn Uhr!"

Da können Sie einhundert Therapeuten kontaktieren, die werden alle keine Zeit haben. Oder lassen Sie gleich Ihre Frau, Ihren Mann, Ihre Mutter für sich anrufen.

„Mein Mann braucht eine Therapie. Geben Sie mir einen Termin, dann schleife ich ihn schon in Ihre Praxis. Ich halte es nämlich nicht mehr aus mit ihm, er tut nie, was ich sage!"

Ich hatte allen Ernstes einen Anruf von einer Sekretärin, die der Meinung war, ihr Chef brauche einen Termin bei mir. Vermutlich hatte sie recht. Aber sie wollte zuerst einen Termin vereinbaren und dann ihren Chef überreden, ihn wahrzunehmen. Sie habe da ihre Methoden. Sie klang sehr resolut und machte mir Angst. Vielleicht ging es ihrem Chef genauso!

Sollten Sie dem Druck Ihrer Angehörigen, Ihres Hausarztes und Ihres Arbeitgebers dann doch nicht standhalten und in einer psychotherapeutischen Praxis landen, ist noch nicht alles verloren. Jetzt heißt es, sich zu konzentrieren. Wenn Sie jetzt alles richtig machen, ist noch etwas zu retten von Ihrem Burnout.

Wichtig ist, dass Sie Ihren nagelneuen, engagierten Psychotherapeuten gegen sich aufbringen. Das erfordert einige Beharrlichkeit, aber wenn Sie durchhalten, wird er letztlich einknicken.

Das sind meine Empfehlungen:

- Eine Psychotherapie ist eine Gesprächstherapie. Sprechen Sie einfach so wenig wie möglich. Antworten Sie auf Fragen mit „Ja", „Nein" oder „Keine Ahnung".

- Kommen Sie zu spät oder gar nicht oder sagen Sie so kurzfristig wie möglich ab.

  „Ähm, ich glaube, ich kann heute nicht kommen. Irgendwie geht es mir nicht so gut. Sie verstehen das, oder?"

  „NEIN!!!", denkt sich der geplagte Psychotherapeut. Er wird Sie darauf ansprechen und behaupten, Sie würden da etwas inszenieren.

  Stellen Sie sich dumm, das hilft.

- Machen Sie Ihren Psychotherapeuten dafür verantwortlich, dass es Ihnen nach drei Sitzungen noch immer nicht besser geht. Stellen Sie seine Kompetenz infrage. Machen Sie Andeutungen, dass Sie ihn für einen Waschlappen halten. Sollte er Sie daraufhin nach Erinnerungen, Assoziationen oder Einfällen fragen, die mit Ihrem Vater zu tun haben (oder mit Ihrer Mutter, falls es sich um eine Psychotherapeutin handelt), verneinen Sie das vehement und denken auch keine Sekunde darüber nach. Schwenken Sie um auf das Thema Hormone oder dass Sie das ganze Haus noch putzen müssen.

- Überhaupt halten Sie bitte daran fest, dass Ihre Kindheit ausnahmslos glücklich verlaufen ist. Ihre Eltern waren ein Traum. Alles war toll, bis Sie erwachsen geworden sind und in diese schreckliche Praxis gehen mussten. Betonen Sie häufig die Unfreiwilligkeit Ihrer Psychotherapie.

- Wenn Sie nach Ihren Gefühlen, Träumen, Nöten, Gedanken usw. gefragt werden, tun Sie einfach so, als würde Ihr Therapeut Chinesisch reden. Sie verstehen nicht, was er meint, und sprechen über das Wetter, das Ihnen wieder einmal auf die Stimmung schlägt.

- Bemitleiden Sie sich ausgiebig selbst, in jeder Sitzung, die ganze Zeit über.

- Ihr Therapeut wird bald seine Maske fallen lassen und seine wohlwollende, einfühlsame, engagierte Art aufgeben. Er wird mit Ihnen streiten, was ja nur ein weiterer Beweis für seine Inkompetenz ist. Wenn er es nicht mehr schafft, ruhig zu bleiben, haben Sie es schon fast geschafft. Beginnt er dann, resigniert den Kopf über Sie zu schütteln, können Sie triumphierend die Praxis verlassen und ihm auf den Anrufbeantworter sprechen.

„Ich möchte die Therapie bei Ihnen nicht fortsetzen. Ich habe jetzt einen Therapeuten gefunden, der mich versteht und der die richtige Qualifikation hat."

Ihr Ex-Therapeut wird möglicherweise seinen Kollegen anrufen, der dann möglicherweise doch keine Zeit für Sie haben wird. Sehr unprofessionell, da haben Sie vollkommen recht.

3. DIE SCHWARZE LISTE

Das ist eine WARNUNG.
Es gibt spezielle Kulturgüter, die Sie meiden sollten, während Sie sich an einen Burnout heranarbeiten. Oder kennen Sie das nicht, dass manchmal ein einzelnes Musikstück, zufällig im Radio gespielt, den momentanen Aggregatzustand durchmischen und verändern kann? Auf einmal haben Sie gute Laune und denken sich: „So what?"

Zum Beispiel dieser Happy-Song, zu dem alle möglichen Menschen auf der Welt getanzt und die Aufnahmen ins Internet gestellt haben. Brrr ....

Und dann lächeln Sie und bekommen einen irren Blick und werfen Ihr Leben durcheinander. Alles schon erlebt!

Und deshalb bekommen Sie zum Abschluss eine schwarze Liste an die Hand mit Kulturgütern, die ganz besonders gefährlich sind und destruktiven Charakter haben. Nur zur Sicherheit, verstehen Sie?

Filme und Fernsehsendungen, die Sie nicht sehen sollten, wenn Sie verzweifelt sind und es bleiben möchten:
Monty Python: Gesamtwerk
„Grasgeflüster"
„Ziemlich beste Freunde"
„Ein Fisch namens Wanda"
„Zusammen ist man weniger allein"
„Night on Earth"
„Wie im Himmel"
„Little Miss Sunshine"
Aki Kaurismäki: Gesamtwerk
„Alf" (die frühen Staffeln)
„Blues Brothers"
„Adams Äpfel"
Horst Schlämmer: Gesamtwerk
„Bullyparade" von Bully Herbig
„ZDF heute SHOW"
„L'auberge espagnole"
„Darjeeling Limited"
Lustige Tiervideos im Internet wie „Evil owl", „Koalas streiten sich" oder „Pets alone at home".

Musik, die Sie nicht hören sollten, wenn Sie an nichts als an Ihre Arbeit und Ihre Sorgen denken wollen:
„Happy" von Pharrell Williams
Gipsy Kings
The Sex Pistols
Udo Lindenberg
Rammstein
Johann Sebastian Bach
Buena Vista Social Club
„Tag am Meer" und „Sommerregen" von den Fantastischen Vier
Die Ärzte
Farin Urlaub
Manu Chao
Wolfgang Amadeus Mozart
Eminem

Literatur, die Sie nicht lesen sollten, wenn Sie schlecht drauf bleiben oder nicht ins Nachdenken kommen wollen:

Gefährliche Fachbücher:
Helmut Kolitzus: „Das Anti-Burnout-Erfolgsprogramm: Gesundheit, Glück und Glaube"
Axel Koch und Stefan Kühn: „Ausgepowert? Hilfen bei Burnout, Stress, innerer Kündigung"

Ansonsten:
Douglas Adams: „Per Anhalter durch die Galaxis"
Douglas Adams und Mark Carwardine: „Die Letzten ihrer Art"
Nicholson Baker: „Haus der Löcher"
Astrid Lindgren: Gesamtwerk
David Foster Wallace: „Unendlicher Spaß"
Jonathan Safran Foer: „Extrem laut und unglaublich nah"
Josef Haslinger: „Phi Phi Island"
Simon Tofield: „Simons Katze"

Nein, es sind zu viele. Bleiben wir dabei: ALLE BÜCHER. Sie sollten ALLE BÜCHER nicht lesen.

4. WAR DOCH NUR SPASS!

Es gibt Stimmen, also Artikel in der Frankfurter Allgemeinen Zeitung und in anderen Medien, die sagen, dass es nur deshalb eine Unterversorgung mit Psychotherapie gibt, weil die Psychotherapeuten faul sind. Stinkfaul im Grunde genommen. Die würden einfach nicht genug arbeiten und lieber ausschlafen, Mittagspausen machen und in Urlaub fahren.

Ich kann das bestätigen.

Ich bin das beste Beispiel dafür.

Ich will ja auch keinen Burnout bekommen, sondern Sie!

Wir sind uns ja über die vielen Seiten ein wenig näher gekommen. So etwas wie Vertrautheit ist entstanden, spüren Sie das auch? Ich habe Sie fast ein wenig lieb gewonnen mit Ihrer Unwissenheit, Ihren Widerständen und Ihrem Eifer.

Deshalb will ich zum Schluss ganz ehrlich zu Ihnen sein.

Räusper, räusper.

Ich habe nämlich ein bisschen geschwindelt.

Ich habe die Fahne des Burnouts hochgehalten, aber in Wahrheit stehe ich gar nicht so ganz dahinter.

Oder können Sie mir verraten, warum ich einen Burnout dem richtigen Leben, meinem Leben vorziehen sollte?

Hm. Mich krummlegen, mich totarbeiten, mich an den Rand der Erschöpfung bringen? Und darüber hinaus?

Ich weiß nicht.

Meinen Sie, dafür bekäme ich einen Orden? Ja? Und selbst wenn, was sollte ich mit dem Ding anfangen? Kann mir das mal jemand sagen?

ICH PERSÖNLICH HABE ÜBERHAUPT KEINE LUST AUF DIESE SCHEISSE!!!

Sie etwa? Wirklich?

Also, wenn ich jetzt zum Schluss die Maske fallen lasse, muss ich Ihnen sagen, ich arbeite nur so viel, wie ich für mein Leben, meine Söhne, meine Reisen, meinen Hund, meinen Friseur, meinen Secondhand-Shop für Designerklamotten und meine zahllosen Kneipenbesuche mit hin und wieder notwendigen Besäufnissen brauche, nicht mehr und nicht weniger. Ich werde nichts zu vererben haben und relativ arm sterben.

Das ist die ungeschminkte Wahrheit.

Dafür muss ich aber auch nicht solche Bücher lesen, sondern ich schreibe sie!

Merken Sie was? Wer ist jetzt faul und wer ein Idiot? Hä?

Also, jetzt könnten Sie noch umkehren. Sollten Sie es sich anders überlegt haben, wäre jetzt der Zeitpunkt, es zu sagen.

Natürlich werde ich enttäuscht sein und stinksauer und alles, weil ich mir die Mühe umsonst gemacht habe. Aber mal ehrlich, sollte das der Grund dafür sein, dass Sie in den Burnout rennen, ohne Sinn und Verstand und eigentlich auch ohne Grund?

Wofür denn?

Damit Ihre Eltern stolz auf Sie sind?

Damit Sie endlich etwas geschafft haben und selbst etwas von sich halten? Weil Sie sich zugrunde gerichtet haben und stilvoll zusammengebrochen sind?

Das kann nicht Ihr Ernst sein.

Also ehrlich, ich werde Ihnen nicht im Weg stehen, sollten Sie Ihre folgenschwere Entscheidung zu Beginn des Buches bereuen und revidieren. Noch ist Zeit. Wirklich.

Kommen Sie! War doch alles nur Spaß!

Sie haben nicht wirklich Ihr Sofa abgeschafft, oder?

Bitte sagen Sie, dass das nicht wahr ist!

Ts … ts … Ein Revoluzzer sind Sie nicht gerade, oder? Im Gegenteil, Sie sind ganz schön brav und angepasst, wenn Sie mich fragen. Was man Ihnen sagt, das tun Sie auch, gell?
Na ja, noch haben Sie eine Chance.
Lassen Sie es bleiben!

So werden Sie doch vernünftig.

Sie sind aber auch ein sturer Schädel.

Meine Güte.

„Nimm dir das Leben und lass es nicht mehr los.
Denn alles, was du hast, ist dieses eine bloß."
Udo Lindenberg

Ich danke allen meinen Patientinnen
und Patienten sowie allen Teilnehmerinnen
und Teilnehmern meiner Seminare.

Band-Nr. 95061
9,99 € (D)
ISBN: 978-3-95649-065-1
eBook: 978-3-95649-364-5
240 Seiten

Axel Krohn &
Käthe Lachmann
Hilfe, er bleibt
ein Frosch!

Ich küss mir die Lippen wund, und er wird doch kein Prinz. Habe ich Schmetterlinge im Bauch oder liegt's an der Lasagne? Kenne ich den Typen neben mir wirklich nicht, oder haben wir uns nur auseinandergelebt? Die Liebe ist ein seltsames Spiel und keine Frage zu verrückt, als dass sie nicht gestellt werden könnte.

Doch keine Panik: Käthe und Axel wissen Rat und zeigen, wie's funktionieren kann zwischen Frau und Mann! Mithilfe der ultimativen Weisheiten, den Sprichwörtern aus aller Welt in Sachen Liebe, Sex und Partnerschaft erläutern sie, warum sich Maulwurfstunnel schneller verbinden als Menschenherzen und was Mann und Frau sonst noch so beim Anbaggern, Küssen und Beischlafen beachten sollten.

Besser als jede Reality-Show:
die Memoiren einer Gerichtsvollzieherin!

Original-
ausgabe

Katja K.

Wenn die Kuckuck zweimal klingelt: Kurioses aus dem Leben einer Gerichtsvollzieherin

Wenn die Kuckuck zweimal klingelt, stecken sie bereits tief in ihren persönlichen Finanzkrisen: der hochverschuldete Promi-Fußballer, die spielsüchtige Baronesse, die Puff-Mutter, die schrille Operndiva und der Spinnenmann … sogar Tote tauchen wieder auf!

Band-Nr. 95060
9,99 € (D)
ISBN: 978-3-95649-068-2
eBook: 978-3-95649-372-0
256 Seiten

Ruhige Kugel war gestern –
Willkommen im neuen Un-Ruhestand!

Original-
ausgabe

Wolfgang Max Kracht /
Marina Reiter

Das Phantom, der Opa

Dieses Buch ist für alle, die mit Gleitsichtbrille Weitsicht beweisen; die beim Thema „eingerostet“ sofort den Schlosser rufen; die nicht barrierefrei leben, aber Grenzen sprengen. Eine Liebeserklärung an alle Rentner und Pensionäre …

Band-Nr. 95059
9,99 € (D)
ISBN: 978-3-95649-067-5
eBook: 978-3-95649-388-1
256 Seiten